Table

Chapitre 1

DGSE – Cellule Alpha

Chapitre 2

Mossad – Kidon

Chapitre 3

Vevak

DGSE - Cellule Alpha

Introduction

Entre 2008 et 2013, les forces spéciales françaises et la DGSE ont, par exemple, capturé ou tué près d'une centaine de djihadistes dans certains pays du Sahel (Mauritanie, Mali, Niger) sans qu'aucune opération militaire ait été légalement déclenchée. Sans oublier les raids menés en Libye en 2011 dans la plus grande discrétion, ou celui de la DGSE en Somalie en janvier 2013, en pleine «zone grise».

Depuis son élection en mai 2012, François Hollande entend incarner une politique plus martiale que ses prédécesseurs, quitte à en payer le prix et à sortir du strict cadre de la légalité. Ainsi, il a décidé de répliquer de manière systématique aux prises d'otages et aux attentats qui touchent des Français dans le monde. Il a ordonné l'exécution à l'étranger d'une quarantaine d'individus considérés comme dangereux pour la France, hors cadre légal de la guerre. Des exécutions extrajudiciaires, validées par le président de la République.

François Hollande contient les noms des personnes dont l'élimination a été secrètement approuvée. Il peut s'agir d'assassinats ciblés confiés à des soldats, des agents des services secrets français ou de pays amis. Dans le langage codé des professionnels du renseignement, on appelle cela les «opérations Homo», pour homicide. Il avait déjà abordé le sujet face aux journalistes Gérard Davet et Fabrice Lhomme, dans leur ouvrage «*Un président ne devrait pas dire ça*», confiant avoir approuvé au moins quatre assassinats ciblés de terroristes à l'étranger.

Le ciblage est affiné à partir de renseignements électroniques, des interrogatoires de prisonniers et des études d'imagerie, qui permettent ensuite l'identification formelle de la cible et son suivi jusqu'au moment le plus favorable au déclenchement de l'opération.

Naturellement, sur instruction de l'Elysée, les états-majors mènent généralement ces opérations spéciales dans la plus grande discrétion. Elles sont classées «confidentiel Défense» et ne donnent lieu qu'exceptionnellement à des communiqués militaires. Le président de la République, le ministre de la défense et le chef d'état-major des armées souhaitent cependant montrer régulièrement que la France réplique désormais à toute attaque contre ses intérêts et traque sans relâche les commanditaires, afin de les éliminer. Au risque de se heurter aux magistrats chargés d'enquêter sur les actes terroristes et désireux de pouvoir renvoyer un jour leurs auteurs devant les tribunaux, comme c'est le cas notamment dans les affaires des otages d'Arlit, de la mort de Philippe Verdon ou de celle des deux journalistes de RFI.

Car les juges, ainsi que les parties civiles, n'apprécient guère les exécutions extrajudiciaires décidées en haut lieu, qui s'apparentent, selon certains d'entre eux, à la réinstauration d'une peine de mort sans autre forme de procès. Aux yeux de l'Elysée et des états-majors, à l'inverse, la guerre contre des ennemis lointains et fanatiques justifie la primauté des opérations militaires sur le recours incertain à la justice hexagonale.

De son côté, le général Pierre de Villiers, chef d'état-major des armées, interrogé, sur Europe 1, en octobre 2014, évoque huit responsables identifiés et déjà efficacement traqués : «*Nous avons neutralisé sept d'entre eux. Il n'en reste plus qu'un et nous l'aurons.*» Il s'agit évidemment de Mokhtar Belmokhtar, à qui sont imputées d'autres attaques – les attentats-suicides à Arlit et Agadez au Niger, en mai 2013, et celui commis contre une unité de l'armée française près de Gao, au Mali, le 14 juillet 2014, ayant tué un légionnaire et blessé six soldats.

Depuis des mois, plusieurs proches du «Borgne» (Belmokthar) ont effectivement été éliminés sur ordre de l'Elysée : Abou Moghren Al-Tounsi, à la fin de septembre 2013 ; Fayçal Boussemane et le Mauritanien Al-Hassan Ould Al-Khalil, alias Jouleibib, gendre et porte-parole de Belmokhtar, en novembre 2013 ; Omar Ould Hamaha, dit Barbe rouge, bras droit de Belmokhtar, en mars 2014 ; Abou Bakr Al-Nasr, dit l'Egyptien, spécialiste des armes, très actif du côté de Benghazi en Libye, tué en avril 2014. Un autre lieutenant du Borgne, Ahmed Al-Tilemsi, trouvera la mort en décembre 2014 ; il était suspecté d'être l'un des principaux responsables de l'enlèvement de Vincent Delory et Antoine de Léocour à Niamey, en janvier 2011.

Les déclarations du général de Villiers provoquent de vives réactions au Palais de justice de Paris. « *Nous avons appris, un peu furieux, par les médias, que des individus susceptibles d'être impliqués dans des affaires de terrorisme avaient été capturés et neutralisés par l'armée française, déplorera Juliette Le Borgne, ancienne procureur au parquet antiterroriste. Notre objectif judiciaire, c'est de conserver ces personnes en vie pour les traduire en justice. Or ce n'est pas l'objectif de l'armée française. Nous voulons juste savoir la vérité, pour les familles.* »

L'ambiguïté de ces opérations réside dans le fait qu'elles se situent dans une "zone grise", c'est-à-dire en dehors du cadre légal des conflits armés, et sont menées par la DGSE et les services spéciaux. Le flou juridique qui les entoure est assez important. En effet, dans le cadre d'un conflit militaire reconnu et déclaré comme tel, passé par l'aval parlementaire, ce genre d'opération spéciale est assimilé à un acte de guerre.

Op Homo

Une opération *Homo* est une opération d'élimination de personnes, menée par le Service Action du DGSE. Un groupe commando dédié aurait été créé au sein du SA (*en 1986*) pour effectuer ces opérations de neutralisation, baptisé cellule Alpha...

135 personnes éliminées en 1960

Le Service Action du SDECE (*avant DGSE*) a tué, sur ordre, plusieurs centaines de personnes en France, en Europe et en Afrique du Nord pendant la guerre d'Algérie entre 1958 et 1961, a révélé Constantin Melnik, qui supervisait, à l'époque, l'action des services secrets et de renseignements du premier ministre Michel Debré.

Dans l'avant-propos de son ouvrage «*la Mort était leur mission*», roman de fiction (*éditions Plon*), Constantin Melnik écrit qu'au «*cours de la seule année 1960, 135 personnes ont été envoyées ad patres au cours d'«opérations homo» (pour homicides) du service action du SDECE. Six bateaux ont été coulés et deux avions détruits*».

Durant trois ans et trois mois, de janvier 1959 à avril 1962, Constantin Melnik, alors âgé d'une trentaine d'années, a été l'observateur privilégié de cette période depuis son bureau de Matignon, dont dépendait alors le SDECE (*Service de documentation extérieure et de contre-espionnage*).

Précisant qu'il «assume» l'avant-propos et la postface de son livre - où certains noms de personnalités ou d'exécutants ont été changés - il raconte la guerre menée par le service action contre les trafiquants d'armes destinées au FLN en Suisse et en Allemagne et la traque meurtrière contre les dirigeants des mouvements nationalistes algériens en France ou en Afrique du Nord.

Fin 1985, les chefs du SA optent pour une nouvelle approche dans la foulée de l'affaire du *Rainbow Warrior*.. Désormais, les opérations Homo relèveront exclusivement d'un groupe spécialement créé au sein du SA : la cellule

Alpha. Celle-ci sera organisée de manière encore plus clandestine que le SA. Les ordres viendront toujours «d'en haut», sans intermédiaire. Par conséquent, les opérations Homo sont rebaptisées par certains initiés, en langage codé, opérations Alpha.

Dans le livre de Vincent Nouzille "Les tuers de la Republique" on peut lire: " *La cellule va fonctionner sans anicroche durant plus d'une quinzaine d'années, de 1987 à 2002. Elle commence à être opérationnelle après la série d'attentats terroristes qui frappent la France en 1986-1987, justifiant, aux yeux de ses promoteurs, la traque de certains «terroristes» en Europe, au Moyen-Orient ou en Afrique.*

Des « terroristes » moyen-orientaux ont été visés à la fin des années 1980. Des cibles serbes ont été atteintes en ex-Yougoslavie. Des réseaux « djihadistes » – notamment des Algériens du GIA (Groupe islamique armé), puis du GSPC (Groupe salafiste pour la prédication et le combat) – se sont retrouvés dans le viseur de la cellule Alpha durant la guerre civile des années 1990 en Algérie, au moment de la Coupe du monde de football organisée en France en 1998, puis lors du passage à l'an 2000, quand des risques d'attentat ont été détectés.

Le leader libyen Mouammar Kadhafi aurait reçu, durant la guerre du Golfe, des émissaires suggérant que sa famille et lui-même auraient de graves problèmes s'il s'avisait de soutenir Saddam Hussein ou de commanditer des attentats en France. Après la guerre en ex-Yougoslavie, des criminels de guerre serbes ont été discrètement avertis qu'ils vivraient dangereusement s'ils ne se rendaient pas, tôt ou tard, à la justice.

Dans ses Mémoires, Pierre Martinet, un ancien agent du SA qui a travaillé sur des dossiers d'objectifs pour eux sans en savoir plus, reconnaît que cette cellule – qu'il a rebaptisée Draco dans son livre – « *restait un mystère pour tout le monde* » : « *On croisait les Draco de temps à autre au mess quand nous allions manger. Ils ne se distinguaient pas des autres agents, sauf qu'ils ne se mélangeaient pas et personne n'allait chez eux*».

Le préfet Claude Silberzahn explique que le service exécutait « très peu », seulement dans des cas de légitime défense, et confirme le processus de décision alors en vigueur: «*Jamais aucune des actions du service ne doit pouvoir être imputée au président de la République. Il ne saurait donc être question de demander des instructions à la présidence ou une couverture politique.* »

Ainsi, Silberzahn *n'attendait pas d'approbation formelle, estimant que l'initiative d'une opération Homo relevait de sa responsabilité :* « *Si l'action, à supposer qu'elle vienne à être connue, peut entraîner de graves suites diplomatiques, il est bien évident que le directeur a besoin de l'aval politique.*

[…] Mais s'il a la conviction d'avoir 98 % de chances de réussir sans que sa main apparaisse, ou que, si elle apparaît, cela n'aura ni influence ni répercussions notables sur la diplomatie française ou la vie politique intérieure du pays, alors c'est son travail et il doit l'accomplir dans la solitude"

Service Action

Le Service Action est une unité militaire secrète française placée sous le commandement opérationnel de la Direction des opérations (DO), au sein de la DGSE, l'équivalent français de la CIA. Le SA est chargé de la planification et de la mise en œuvre des opérations clandestines armées. En clair, contrairement aux opérations spéciales menées par des unités plus classiques, le SA conduit des actions qui ne sont pas revendiquées, ni revendicables par le gouvernement français.

Opérations «homo» (homicides) ou «arma» (sabotage, destruction de matériel), section Alpha (unité chargée des assassinats ciblés), HC («honorable correspondant»), «boîte aux lettres morte», « officier traitant», «légendes», «couvertures» et «identités fictives» sont les mots de code de ce monde à part et inaccessible.

La totalité des informations concernant cette unité sont classées secret-défense et, sauf exception, ni la présidence de la République ni le ministère de la Défense ne commentent ses opérations. Les agents du SA sont protégés par l'État.

L'agent du SA travaille souvent seul et s'expose lourdement car le meilleur moyen de ne pas être vu consiste souvent à se montrer et dès lors à s'exposer. Les soldats du SA sont donc prêts à mourir pour la patrie dans l'anonymat le plus complet.

Reconnaissance clandestine, franchissement de lignes, pénétration de dispositifs, sabotage, destruction de matériel, libération d'otages, exfiltration des agents, contre-terrorisme, neutralisation d'individus identifiés comme des «cibles internationales», guidage d'avions, protection de sites ou de personnalités, identification des risques, conseil opérationnel à des dictatures, soutien à des rébellions, assassinat de terroristes et appui à des régimes amis politiquementfont parti des actions les plus courantes.

Corbin de Mangoux, directeur de la DGSE à l'époque, maintient une ligne de défense pleine de vertu: «*La DGSE dispose d'une capacité d'action clandestine et d'entrave. Cette dernière vise à empêcher la survenance d'un événement non désiré par tout moyen, y compris militaire. Le service est soucieux du respect de la légalité, et je m'attriste des allégations de la presse lorsqu'elle nous qualifie de "barbouzes". Nous sommes des agents de l'État agissant sous les ordres de l'autorité politique pour la défense des intérêts de la République*

Jean-Marc Gadoullet dans son livre "Agent Secret" ecrit: " *Les combattants du SA agissent dans la clandestinité non pas par plaisir mais pour retrouver et neutraliser ceux qui travaillent laborieusement, en sous-main, dans le plus grand secret, en usant de la plus intelligente des mauvaises fois pour détruire les cadres qui régissent nos démocraties, nos républiques, nos cultures... Pour combattre un terroriste, il faut être soi-même un terroriste, mais un terroriste au service de la Nation. Alors, oui, on peut être profondément respectueux de la légalité et devoir en sortir pour trouver ses ennemis et ainsi mieux défendre le droit.*"

En Barcelone

Le pouvoir politique en France ne l'assume pas. C'est un sujet tabou. Est-ce que le service action de la DGSE peut aller jusqu'au permis de tuer? La question transcende les clivages politiques. Ce que les politiques n'osent pas dire, c'est qu'on peut tuer des gens. Cela veut dire qu'effectivement le chef de l'Etat a un droit de vie ou de mort.

Il y a une règle: les opérations «Homo» ne s'appliquent qu'aux non-ressortissants. On estime qu'un ressortissant est soumis aux règles de droit et qu'on dispose à son égard de tous les moyens légaux de coercition.

Dans le livre de Vincent Nouzille "*Les tueurs de la Republique*" on peut lire: "*C'est en voulant entrer par une voie interdite sur l'autoroute en direction de Barcelone, près de la ville de Manresa, qu'une Audi 80 de couleur gris métallisé est arrêtée à minuit et demi, le 18 avril 2002, par une patrouille des Mossos d'Esquadra, la police catalane. Pour les quatre agents des forces de l'ordre, il s'agit d'un simple contrôle de routine.*

«Bonsoir, pouvez-vous nous montrer vos papiers ? *»* *lancent-ils au conducteur du véhicule, immatriculé en France. Cheveux bruns coupés courts, silhouette trapue, celui-ci tend son passeport français, délivré en mars 2000 à Paris au nom de Richard Perez, né à Marseille le 10 octobre 1963. Rien de suspect en apparence. Mais, en ouvrant le coffre de l'Audi, les policiers font une découverte surprenante. Dans un long tube en PVC de vingt centimètres de diamètre, ils trouvent un pistolet Ruger de calibre 22 mm équipé d'un silencieux et d'une visée laser, un fusil de 7,62 doté d'un silencieux, une mire télescopique, un tripode, ainsi que divers autres objets tels qu'un GPS, une boussole, un émetteur-récepteur, un téléphone portable Nokia, un appareil photo... Un arsenal digne d'un terroriste. Ou d'un trafiquant d'armes. Ou encore d'un tueur à gages. Le conducteur est aussitôt interpellé et conduit au poste de police de Manresa.*

L'homme surpris par les Mossos d'Esquadra est, en réalité, un agent Alpha de la DGSE, un membre de la cellule ultra-clandestine du SA composée de tueurs spécialement entraînés pour les opérations Homo. En mission secrète en Espagne, il devait passer totalement inaperçu. Son arrestation va rapidement donner lieu à un véritable casse-tête entre la DGSE, le ministère de la Défense et l'Élysée, avant de nourrir un feuilleton franco-espagnol rocambolesque.

Dubitatifs, les policiers catalans sont également surpris de constater que, durant l'interrogatoire, l'agent Alpha reçoit sur son portable des appels insistants en provenance de différentes cabines téléphoniques du centre de

Barcelone. C'est Antoine, son correspondant inquiet, qui attend de ses nouvelles.

Dans l'après-midi du 18 avril 2002, une patrouille est dépêchée à Barcelone, sur la grande artère des Ramblas, où les cabines ont été localisées. Après quelques heures de surveillance, un homme qui correspond au profil recherché est interpellé. Antoine s'appelle officiellement Richard Piazzole, résidant à Paris. Il s'agit, là encore, d'une fausse identité. Dans la voiture de ce second suspect, les enquêteurs découvrent un talkie-walkie, des cartes téléphoniques, un GPS, des guides de voyage et un roman policier. L'homme, qui est en réalité un officier traitant de la cellule Alpha, se révèle peu bavard. Sa fausse identité tient la route. Il se présente comme un enseignant en informatique ayant fait son service militaire dans un régiment d'infanterie. Ses explications sur les raisons de sa présence en Catalogne, sur les armes saisies dans la voiture et sur ses relations avec ce dernier demeurent vagues.

Durant quelques heures, en avril 2002, le général Philippe Rondot a bien cru avoir perdu toute trace de deux agents de la DGSE en Espagne. C'était très ennuyeux parce qu'ils étaient partis pour un «exercice Alpha», et dans les notes de Rondot, le code «Alpha» désignait les équipes préparées aux opérations «Homo», c'est-à-dire aux assassinats ciblés. Les agents «disparus» étaient en réalité sous les verrous.

L'agent qui devait être testé est présenté par la presse espagnole sous le nom de Rachid Chaouati et par la presse française sous l'alias de Richard Pérez. L'homme aurait déjà effectué plusieurs missions en Europe pour son officier traitant, connu sous le pseudonyme de Christian Piazzole. Chaouati aurait notamment été chargé de prendre des photographies dans le restaurant d'un grand hôtel d'Amsterdam et de dissimuler une caméra dans un bâtiment sur une île au large de Naples.

L'exercice Alpha d'avril 2002 aurait donc eu pour but de tester un agent de la DGSE dans une "mission logistique" avec armes de guerre, en Espagne, sous la direction d'un officier traitant du service action. Chaouati, alias Pérez, avait pour mission de transporter un équipement complet pouvant servir à une élimination, d'une cache située près de Tarragone à une autre cache se trouvant à 100km, près de Barcelone. Il devait pour se faire employer une carte Michelin et un GPS contenant des points prédéfinis marquant la position des caches, mais l'homme n'aurait pas réussi à localiser l'équipement et aurait été appréhendé par la police espagnole, échouant à sa mission.

Et le général s'est chargé de régler l'épineux dossier jusqu'à leur libération six mois plus tard. En mai 2002, lorsqu'il dévoile «l'affaire espagnole» à

Michèle Alliot-Marie, qui vient de remplacer Alain Richard au ministère de la Défense, le général Rondot évoque *«un exercice d'entraînement logistique destiné à tester un agent de la DGSE».*

«Près de Manresa (province de Barcelone), la police a découvert le transport clandestin d'une arme de guerre de longue portée avec une mire télescopique, résume l'ancien procureur général de Catalogne José María Mena Álvarez. *Les investigations ont permis l'arrestation de deux citoyens français, l'un d'eux étant algérien d'origine. Ils ont été placés en détention à cause du risque de fuite, et pour le "danger imminent" que représentait l'usage de l'arme. A aucun moment, ils ne se sont présentés comme des agents de l'Etat français.»*

En octobre 2002, Rondot demande au patron de la DGSE de voir *«les familles»* et prépare des *«éléments de langage»* pour la presse : *«C'est un exercice en situation réelle, ce qui explique la présence d'armement.»*

Le 16 Octobre 2002, le directeur de cabinet d'Alliot-Marie envoie Rondot en Espagne. *«Mon général, je vous confirme qu'il me paraît nécessaire que vous rencontriez personnellement le procureur général de Barcelone pour attester la qualité de la personne en cause. Il est souhaitable que cette démarche soit effectuée le plus tôt possible, c'est-à-dire dès demain.»* Rondot s'y rend accompagné de deux responsables de la DGSE. Il dépose sous son nom, se porte garant, et demande *«l'expulsion»* des agents.

L'ancien procureur général Mena Álvarez se souvient *«des pressions officielles»* exercées par *«la hiérarchie judiciaire espagnole»* pour une remise en liberté des Français. *«Mais les faits étaient graves et le juge d'instruction a donc refusé.»* *«Alors que j'étais responsable du ministère public de Catalogne, une personne s'est présentée à mon bureau comme général de l'armée française,* se souvient Mena Álvarez. *J'ai fait vérifier sa qualité, et le général a fait une déclaration officielle devant moi, affirmant que les détenus étaient des fonctionnaires français qui avaient effectué sous ses ordres un exercice de simulation. Il a demandé leur remise en liberté, et s'est engagé sur l'honneur à ce qu'ils soient présents à l'audience le jour du procès. Devant cette garantie officielle, le juge d'instruction a remis les détenus en liberté.»*

Fin 2002, Rondot envoie ses vœux au procureur *«pour le remercier»*. Mais, en 2003, les officiels français vont se démener pour *«obtenir la clôture du dossier par le procureur»*: *«Le ministre de la Défense peut en parler à son homologue espagnol. Exercer une pression. Procureur de Barcelone. Ministre de la justice espagnol?»* note Rondot. *«Ne pas exercer trop de pressions, car se serait donner le sentiment qu'il y avait autre chose à cacher»*, écrit-il aussi.

En septembre 2003, Rondot se tourne vers Laurent Le Mesle, l'actuel procureur général de Paris, alors conseiller justice de Jacques Chirac, pour *«en savoir plus sur les intentions des magistrats espagnols».«J'ai reçu le général Rondot à la demande du chef d'état-major particulier,* confirme M. Le Mesle. *Il m'a indiqué que des agents français avaient été interpellés avec des armes prohibées. J'ai eu le sentiment que c'était une affaire secret-défense, et je n'ai pas posé de questions.»* Laurent Le Mesle assure n'avoir fait que contacter le magistrat de liaison à Madrid pour *«entrer en contact avec des magistrats locaux».* Selon ce dernier, le dossier s'est traité *«en dehors des voies classiques de la coopération internationale».*

Les circonstances exactes de l'arrestation de Chaouati et Piazzole ne sont pas détaillées, mais selon la presse espagnole, Rachid Chaouati aurait collaboré avec la justice, accompagnant les enquêteurs aux différentes caches où un arsenal complet fut découvert. À l'intérieur d'un tube de PVC, la police espagnole a retrouvé un fusil de précision de conception artisanale, doté d'une lunette de visée et d'un trépied, ainsi qu'une arme de poing calibre .22, équipée d'un silencieux et d'un pointeur laser.

Le fusil de précision, chambré en 7.62mm, n'a pas été identifié par les enquêteurs et semble équipé d'un canon à silencieux intégral. Les policiers ont également découvert un appareil photo jetable Kodak, dissimulant une balise radio très sophistiquée qui devait servir à localiser la cache, une fois l'équipement enterré.

Après six mois d'incarcération des deux agents en Espagne, le général Rondot aurait été prié d'aller plaider leur cause à Barcelone, afin d'obtenir leur libération. Le ministère de la Justice du gouvernement Aznar aurait également fait pression auprès du procureur dans le sens d'une libération. Pour la presse française, Rondot aurait eu une entrevue avec le procureur général Mena Alvarez, se présentant comme général de l'armée française, affirmant que les deux agents procédaient à un exercice et demandant leur libération.

La presse espagnole rapporte pour sa part la visite au juge Mena d'un commissaire de police français, Bernard Chardonye, venu demander la libération de Piazzole. Le juge Mena aurait par la suite cherché à retrouver la trace du commissaire, sans succès.

Fin 2002, les deux agents français furent placés en liberté conditionnelle, dans l'attente de leur procès, prévu pour le 4 mars 2004. Ni les deux prévenus, ni le général Rondot, ni le commissaire français n'assistèrent au procès, au cours duquel le procureur demanda une peine de sept ans de prison. Un mandat d'arrêt international, toujours en vigueur, aurait été lancé par la justice espagnole pour retrouver les deux hommes.

Hollande

François Hollande, lecteur assidu des rapports de la DGSE alors qu'il était jeune chargé de mission sous Mitterrand, apprécie particulièrement les opérations du SA. Le président de la République ne partage sa liste de cibles qu'avec quelques proches triés sur le volet, trois personnes principalement, capables de guider ses décisions ou de garder le silence: son chef d'état-major particulier, le ministre de la Défense, Jean-Yves Le Drian, et le directeur de la DGSE, Bernard Bajolet.

François Hollande avait déjà abordé le sujet face aux journalistes Gérard Davet et Fabrice Lhomme, dans leur ouvrage *Un président ne devrait pas dire ça* , sorti en octobre 2016. "*L'armée, la DGSE, ont une liste de gens dont on peut penser qu'ils ont été responsables de prises d'otages ou d'actes contre nos intérêts. On m'a interrogé. J'ai dit: 'si vous les appréhendez, bien sûr...'*", y expliquait ainsi le chef de l'Etat, confiant avoir approuvé au moins quatre assassinats ciblés de terroristes à l'étranger.

La parution du livre-confession *Un président ne devrait pas dire ça...* (chez Stock) vient offrir une nouvelle salve d'ennuis au président de la République. Dépeint à droite comme à gauche comme un «suicide politique», l'ouvrage de Fabrice Lhomme et Gérard Davet regorge d'informations compromettantes, si ce n'est classées secrètes. Dernier exemple en date, qui déclenche une bronca jusqu'au sein du gouvernement, la révélation d'au moins quatre homicides ciblés de terroristes, ordonnés par l'Élysée et exécutés par les services de la DGSE. Une pratique illégale selon les accords internationaux ratifiés par la France.

Interrogé sur les «opérations Homo», le 9 octobre 2015, François Hollande avoue aux deux journalistes: «*J'en ai décidé quatre au moins, mais d'autres présidents en ont décidé davantage*». Un mois plus tard, conscient d'avoir peut-être livré des informations sensibles, il tente de relativiser ces assassinats ciblés. «*C'est totalement fantasmé*», assure François Hollande. «*On ne donne pas de permis de tuer*». «*On a une liste de noms de tous les gens qu'on a éliminés, ça, je l'ai dit, mais on ne fixe pas une liste de noms en disant: "voilà il faut les éliminer". Si on les trouve, on les trouve*», détaille encore le chef de l'État et des armées.

nterrogé sur France 2, l'ancien ministre des Affaires étrangères Alain Juppé peine à contenir son indignation. «*Je demande d'abord que le président de la République assume sa fonction - je crois qu'il est trop tard - de manière digne. Quand on est chef de l'État, on ne tient pas des propos de ce type. Et il faut bien se mettre dans la tête que la transparence absolue, ça devient un danger pour la démocratie et pour la sécurité de nos démocraties*», poursuit le maire de Bordeaux. Avant de renchérir: «*Il est des situations où le secret est indispensable à l'exercice d'une haute fonction comme celle de chef de l'État*».

«*C'est une manière d'exposer sur la place publique ce qu'il y a de plus lourd dans la fonction présidentielle. Ça ne peut se faire qu'en conscience profonde et sûrement être étalé* devant les médias», à pour sa part brocardé François Bayrou, sur RTL.

Ancien ministre de la Défense de Nicolas Sarkozy, Gérard Longuet ne se montre pas moins critique sur LCP. Il dénonce un livre «*consternant de la part d'un président en activité*», qui contrevient à son devoir de «discrétion totale». «*Quand on porte la responsabilité de la République, il faut avoir la décence de taire ses états d'âmes*», estime le sénateur de la Meuse, soutien de François Fillon. «*Se confier à des journalistes par une sorte de narcissisme émerveillé de soi-même, c'est proprement insupportable parce que cela se fait au détriment de l'autorité de la République*».

À gauche, Jean-Luc Mélenchon a été l'un des premiers responsables à relever l'incroyable aveu du chef de l'État. Invité sur BFM-TV, le candidat de la France insoumise a prévenu le président: «Je mets en garde François Hollande. Il ferait bien d'y réfléchir. La France a signé (pour) le tribunal pénal international et le Mali aussi. Il y a un problème, il y en aura un bien vite. La vérité, c'est que c'est un assassinat décidé en haut lieu. En principe, ce genre de comportements relève du tribunal pénal international».

Mais le désaveu suprême provient d'un proche fidèle du président, Jean-Marc Ayrault, qui fut son ancien premier ministre. Interrogé par la presse diplomatique sur ces révélations, le ministre des Affaires étrangères s'est fendu d'une réponse sans appel: «*Un président ne devrait pas dire ça... la réponse est dans le titre, c'est la seule chose intéressante du livre*».
Dans son livre "Erreurs fatales", le journaliste d'investigation Vincent Nouzille raconte comment Paris a ordonné depuis 2013 l'exécution à l'étranger d'une quarantaine d'individus considérés comme dangereux pour la France, hors cadre légal de la guerre.

Des exécutions extrajudiciaires, validées par le président de la République. Le journaliste d'investigation Vincent Nouzille raconte comment Paris cible et ordonne sur le terrain l'assassinat de jihadistes présumés dangereux pour la France, dans le cadre de la lutte contre le terrorisme. L'ambiguïté de ces opérations réside dans le fait qu'elles se situent dans une "zone grise", c'est-à-dire en dehors du cadre légal des conflits armés, et sont menées par la DGSE et les services spéciaux.

Mais selon Vincent Nouzille, le chiffre est très minimisé. Ce serait en réalité une quarantaine de jihadistes considérés comme des menaces pour la France, qui auraient été ciblés et exécutés selon ce procédé, entre 2013 et 2016, soit une opération par mois environ. Un rythme soutenu, et jamais vu depuis les années 1950, selon le journaliste. "*De ce point de vue, François Hollande marque une vraie rupture dans l'usage de la force, alors que Nicolas Sarkozy et surtout Jacques Chirac étaient plus prudents sur ces sujets régaliens*", écrit-il.

Ces actions, appelées "opérations homo" (pour "opérations homicides") sont ainsi menées de façon illégale, soit par un agent spécial agissant seul, soit par une équipe restreinte. Les agents passent alors à l'action sur ordre, non écrit, du chef de l'Etat. "Les renseignements proposent des objectifs. Comme il s'agit d'opérations spéciales, ces propositions sont faites à l'échelon politique, qui valide ou pas", résume au micro de BFMTV Gilles Sacaze , ancien cadre du service action de la DGSE.

Les responsables militaires préfèrent le terme "d'objectifs stratégiques" ou de "cibles ennemies" à celui d'"exécutions ciblées", pour évoquer ces opérations. Car le flou juridique qui les entoure est assez important. En effet, dans le cadre d'un conflit militaire reconnu et déclaré comme tel, passé par l'aval parlementaire, ce genre d'opération spéciale est assimilé à un acte de guerre, explique Vincent Nouzille. L'élimination d'une "cible ennemie" rentre donc logiquement dans ce cadre.

Mais la situation apparaît plus ambiguë lorsque les agents des forces spéciales ou de la DGSE interviennent pour viser une cible dans une zone "grise", le terme militaire pour évoquer une zone d'instabilité, de non droit, ou bien en marge d'une opération militaire classique. Leur action, menée dans la plus grande discrétion, s'apparente alors davantage à une vengeance après un acte terroriste ou une prise d'otages impliquant des Français, ou à une exécution extrajudiciaire.

Une liste de *High Value Targets* (HVT) ou *High Value Individuals* (HVI) rassemble ainsi les noms des individus à cibler sur le terrain. Comme l'explique Vincent Nouzille, la traque est préparée avec la plus grande minutie par les services spéciaux, qui affinent les cibles à l'aide de l'étude de renseignements électroniques, d'interrogatoires de prisonniers, et d'analyses d'imagerie.

Objectif: affiner au maximum les informations permettant d'identifier et de localiser la cible humaine en question, avant de lancer toute opération. Une fois repérée, la cible est suivie jusqu'au moment jugé le plus opportun pour déclencher l'exécution.

On savait déjà qu'en 2014, François Hollande avait donné l'ordre à la Direction générale de la sécurité extérieure (DGSE) de supprimer Ahmed Abdi al-Muhammad, aussi connu sous le nom de Ahmed Godane, le chef des Shebbaab, un groupe terroriste islamiste qui sévit notamment en Somalie.

Et tandis que les services de renseignement français s'étaient occupés de la localisation du leader terroriste, c'est l'armée américaine qui s'était chargée de l'opérationnel, une frappe au moyen d'un drone militaire. L'armée américaine avait d'ailleurs confirmé l'opération.

Seulement voilà, Ahmed Godane a beau ne pas être un ange, les assassinats ciblés et décidés par le seul pouvoir exécutif, de façon arbitraire et sans aucun cadre légal, sont contraires au droit de la guerre et au droit international. Ils relèvent d'un droit de vie et de mort incompatible avec l'esprit du droit moderne.

La CPI

Comme l'explique le maître de conférence à Lyon Gilles Devers dans son blog Actualités du droit, cela revient à infliger la peine de mort sans aucun jugement. Et là où le bât blesse, c'est que la Cour pénale internationale (CPI) prévoit que «l'assassinat ciblé décidé par le pouvoir politique et commis dans le contexte d'un conflit armé, est un crime de guerre».

Et en l'espèce, l'ordre de supprimer le terroriste somalien n'a même pas été donné dans le cadre d'un conflit officiel. Et le juriste de poursuivre sa démonstration : si l'article 67 de la Constitution de la Ve République prévoit que le président de la République «n'est pas responsable des actes accomplis en cette qualité» hormis la destitution décidée par le Parlement constitué en Haute cour, l'article 53-2 de la Constitution française, dont François Hollande s'est porté garant récemment, indique que «la République peut reconnaître la juridiction de la Cour pénale internationale dans les conditions prévues par le traité signé le 18 juillet 1998», relève le professeur de droit de l'université de Lyon III.

En clair: le chef de l'Etat français est en revanche, devant la Cour pénale internationale, un justiciable comme un autre, au même titre que les dirigeants africains, dont la cour internationale – toujours pas reconnue par les Etats-Unis – est très friande. Les moyens juridiques qui permettraient de faire comparaître le chef d'Etat français devant la CPI semblent donc bien

Denis Allex

Jean-Marc Gadoullet dans son livre "Agent Secret" ecrit: *"C'est le cas en Somalie, le 11 janvier 2013, lors de l'opération pour libérer l'un des nôtres, Denis Allex. Depuis Ouvéa, jamais la DGSE n'avait payé si lourdement le prix du sang lors d'un assaut. Denis a été capturé le 14 juillet 2009 à Mogadiscio, en pleine ville. Après plusieurs années d'incertitude, de préparation d'une hypothétique mission de libération, la décision tombe enfin : François Hollande autorise le SA à conduire un raid en Somalie pour libérer son agent, retenu par le groupe islamiste des Shebab.*

Je mesure à quel point cette décision est difficile à prendre pour un président de la République. Sauver Denis, c'est ce que tout le monde souhaite, bien sûr, mais pour cela il faut prendre le risque de mettre en jeu un détachement complet. Outre les vies humaines, il faut aussi peser l'impact potentiel sur la capacité opérationnelle de l'unité. Vingt morts ce serait un trou terrible dans les effectifs. Le nombre précis d'équipiers du CPIS est confidentiel, mais je peux dire que nous ne sommes pas nombreux. Pour le chef de l'État, qui doit raisonner froidement, cela représente également un paramètre à prendre en compte.

L'assaut, millimétré, est préparé et répété pendant des mois. Les renseignements qui parviennent de la zone sont passés au peigne fin, les cartes satellite disséquées dans leurs moindres détails. Les équipiers retenus savent qu'ils se retrouveront seuls en territoire hostile, encerclés par l'armée des Shebab. Un tel raid, seul le SA est capable de l'effectuer. La Légion, les commandos de marine et même les forces spéciales ne sont pas structurés pour ça. Les forces spéciales interviennent en force, elles ne seraient jamais allées aussi loin que le SA, formé pour l'approche furtive.

Enfin, de bonnes conditions se présentent : une nuit noire, sans lune, des coefficients de marée permettant de s'approcher au plus près des côtes sans se faire remarquer. L'opération est menée dans la nuit du 11 au 12 janvier 2013 près du village de Bulomarer. Hélas, malgré la préparation minutieuse, elle se conclut par la mort de l'otage et de deux agents du SA. Les miliciens somaliens essuient de lourdes pertes – plus de soixante-dix hommes –, mais ils submergent le commando par leur nombre. Les autres membres du détachement français sont sauvés avec l'appui aérien des hélicoptères.

Lourd, le bilan de l'intervention l'est plus encore qu'on ne le pense selon

Vincent Nouzille: « Contrairement à la version officielle, plusieurs dizaines de civils sont également décédés durant le raid, victimes d'un "nettoyage" nocturne effectué par les commandos français, pour préserver l'effet de surprise, sur la dizaine de kilomètres les menant à la maison où était détenu l'otage. » Les propos du journaliste sont rapidement jugés crédibles, car il est courant de penser qu'il n'y a pas d'opération de cette nature sans victimes collatérales. Mais le supposer n'en fait pas une vérité.

Après la mort de Denis Allex, des instructions sont ainsi données aux services français pour pister le chef des Shebab, Mokhtar Ali Zubeyr, ainsi que tous ceux qui ont joué un rôle direct et indirect dans la détention de l'agent français."

Cibler avec précision un adversaire, c'est l'une des forces du SA. Un adversaire en général, et même un individu en particulier. Mais les espions disposent bel et bien du permis de tuer. « *Tous les présidents, chacun à sa manière, ont recouru à ce type d'action, même s'ils s'en sont défendus*», assure Vincent Nouzille dans son livre, spécifiquement consacré à ces opérations. « *La France dispose de tueurs qui peuvent être mobilisés à tout moment pour ces missions. Des équipes spécialisées du SA s'y entraînent en permanence. Une cellule ultrasecrète baptisée Alpha a même été créée au milieu des années 1980 pour* mener des opérations "homo" dans la plus parfaite clandestinité », poursuit-il.

Claude Silberzahn, directeur de la DGSE de 1989 à 1993, l'a également reconnu: « *Le droit de mort des services spéciaux existe bel et bien. [...] C'est un élément de stabilité dans le monde que ce droit suspendu au-dessus des têtes de certains "tueurs", et notamment de celles des terroristes. Il est important de faire planer cette éventualité, même si la pratique n'est pas quotidienne.*»

Bernard Bajolet

Le directeur de la DGSE après avoir été ambassadeur dans des pays sensibles comme la Jordanie, la Bosnie-Herzégovine, l'Irak et l'Afghanistan, ce sexagénaire à la fine barbiche, réputé pour son parcours hors norme et son style peu conventionnel, a inauguré la fonction de coordonnateur national du renseignement à l'Élysée sous Nicolas Sarkozy en 2008.

Il a quitté ce poste en 2011, estimant qu'il n'avait pas assez d'influence. Fin connaisseur des arcanes du pouvoir et des terrains de guerre, il a été nommé à la tête de la DGSE par François Hollande en avril 2013. Il y pilote près de cinq mille personnes, allant des as de la cyberguerre aux agents du SA, lesquels sont essentiellement des militaires formés aux opérations clandestines de tout type, y compris les assassinats ciblés.

Homme de confiance, Bernard Bajolet dispose d'un contact personnel avec le président de la République, n'hésitant pas à le joindre plusieurs fois par jour si nécessaire. Quitte, parfois, à court-circuiter le général Puga et l'actuel coordonnateur national du renseignement, l'ancien préfet de Corrèze Alain Zabulon.

Bernard Bajolet, auditionné à huis clos, en mai 2016, par la commission d'enquête parlementaire sur les attentats de 2015:

«La DGSE a plusieurs particularités. Tout d'abord, c'est un service intégré, qui regroupe des capacités de renseignement humain, technique et opérationnel. Le renseignement opérationnel est celui que nous n'obtenons pas par des sources, mais que nous allons chercher directement, à mains nues, en quelque sorte. Nous avons aussi une capacité d'entrave. L'entrave ne consiste pas nécessairement à éliminer tel ou tel individu, mais à empêcher une action.

Ces interventions ne sont pas seulement menées par la direction des opérations, mais elles peuvent aussi l'être par la direction du renseignement, par exemple en portant un cas devant la justice, en faisant arrêter des individus, en faisant arraisonner par la Marine nationale ou une marine étrangère un bateau qui transporte de la drogue ou des armes. Ces actions peuvent prendre des formes très différentes. Nous pouvons aussi apporter un soutien aux forces armées françaises ou à des services étrangers pour obtenir une action particulière.

Dans un service comme le mien, le renseignement humain est soutenu par le renseignement technique. Ainsi, plusieurs agents en rapprochement de la direction technique appuient les officiers de recherche ou les analystes dans chaque bureau de la direction du renseignement. À l'inverse, le renseignement humain soutient la recherche technique et les capacités opérationnelles.

Il est très important, pour obtenir du renseignement technique, d'accéder à certains réseaux à l'étranger : c'est grâce au renseignement humain ou opérationnel que nous sommes en mesure d'en dresser la cartographie. C'est pourquoi, dans certains pays, nous avons des capacités dont de très grands services, telle la National Security Agency (NSA), ne disposent pas.

En outre, nos moyens techniques sont mutualisés et mis à la disposition des autres services de renseignement français. Dans la pratique, cela se traduit par des postes déportés auprès d'autres services, en particulier la direction générale de la sécurité intérieure (DGSI) et la direction du renseignement militaire (DRM).

A propos de 13 Novembre

Je ne veux pas être trop spécifique. Nous connaissions plusieurs des auteurs des attentats de novembre. Nous suivions en particulier, depuis le mois de janvier 2015, le réseau Abaaoud, en liaison avec un projet d'attentat du « groupe de Verviers ». Nous avons aidé nos homologues belges à déjouer cet attentat. Comme vous le savez, Abaaoud a pu s'échapper. Si nous ne l'avons pas vu sortir de Syrie, nous avons appris, en coopération avec la DGSI, sa présence sur le sol français après les attentats du 13 novembre. Nous pensons que ceci a peut-être contribué à empêcher une autre vague d'attentats, mais nous n'avons malheureusement pas pu prévenir ceux du 13 novembre.

Le rôle de mon service est la détection en amont, à l'étranger, des attentats visant le sol français, et nous travaillons alors en collaboration avec la DGSI, qui est chef de file en ce qui concerne la menace visant le territoire français. Les personnes que nous suivons circulent entre l'Europe et les zones de jihad, syro-irakiennes, libyennes ou autres. Ce n'est donc du renseignement ni purement extérieur ni purement intérieur, ce qui amène à une étroite imbrication des deux services.

Nous connaissions parfaitement la dangerosité du personnage et savions qu'il nourrissait ce type de projets. Tous les moyens ont été mis en œuvre : moyens humains, techniques, et coopération avec les partenaires. Cette coopération ne nous a jamais fait défaut, y compris s'agissant des Belges. Les Belges ont les capacités qui sont les leurs, mais leur bonne volonté et *leur professionnalisme ne sont pas en cause. Nous savions donc qu'Abaaoud était retourné en Syrie, mais nous ne l'avons pas vu ressortir. Nous avons retrouvé sa trace peu après l'attentat du 13 novembre. Il a ensuite été localisé et neutralisé.*

La difficulté à laquelle nous nous heurtons est que ces terroristes sont rompus à la clandestinité et font une utilisation très prudente, très parcimonieuse, des moyens de communication : les téléphones ne sont utilisés qu'une seule fois, les communications sont cryptées et nous ne pouvons pas toujours les décoder. De plus, pour connaître leurs projets, il faut avoir des sources humaines directement en contact avec ces terroristes : or ces réseaux sont très cloisonnés, ils peuvent recevoir des instructions de caractère général, mais avoir ensuite une certaine autonomie dans la mise en œuvre de la mission qui leur est confiée. Cet ensemble de moyens fait que, en dépit de la mobilisation des moyens humains et des sources techniques des services, un certain nombre d'individus peuvent nous échapper.

Il est toujours facile de raconter certaines choses a posteriori. Les Belges n'étaient pas censés savoir qu'Abaaoud était en Grèce et n'avaient donc pas de raison de prévenir les Grecs. Je ne fais que formuler une hypothèse, je ne sais pas ce qu'il en est réellement, mais, au moment où l'on engage une opération comme celle que les Belges ont lancée à Verviers, le nombre des interlocuteurs qu'on prévient n'est pas infini, pour d'évidentes raisons de confidentialité. Il faut toujours prendre avec précaution ce qui se dit après coup.

Nous suivons un grand nombre d'individus : nous savons qu'ils sont dangereux et que certains ont des projets – mais cela ne veut pas dire que nous serons en mesure de les déjouer. Ces individus voyagent sous de fausses identités, suivent des itinéraires extrêmement compliqués et disposent d'une certaine autonomie dans leurs agissements. Dès lors, quand bien même on sait qu'un attentat va être commis, quand bien même on connaît le nom des terroristes, on ne peut pas toujours le prévenir si l'on en ignore le lieu et la date.

Cela explique certains échecs, car les attentats du 13 novembre représentent évidemment pour moi un échec. Je l'ai dit, le rôle de mon service est de détecter et d'entraver les menaces situées à l'étranger et visant soit le territoire national – nous travaillons alors en coopération avec la DGSI –, soit nos intérêts à l'extérieur. Mais, souvent, nous détectons sans être en mesure d'entraver. Des attentats comme ceux du 13 novembre marquent bien un échec du renseignement extérieur : ils ont été planifiés à l'extérieur de nos frontières et organisés en Belgique, c'est-à-dire dans l'aire de compétence de la DGSE. Ils représentent aussi sans doute un échec pour le renseignement intérieur, dans la mesure où ils se sont produits sur notre sol, même si le commando ne disposait pas de base en France – mais d'autres schémas peuvent être envisagés, qui mettraient en jeu des cellules dormantes sur le sol français.

Après un attentat, nous faisons un retour d'expérience. On pourrait parler de faille si, en remontant le fil des événements, nous découvrions que nous disposions d'un renseignement que nous n'avons pas correctement exploité, ou qui serait passé inaperçu parmi de très nombreux autres. Nous avons accompli ce travail de manière honnête et rigoureuse, et nous n'avons pas découvert a posteriori d'éléments permettant de penser que nous aurions pu éviter ces attentats.

Cela ne veut pas dire, cependant, que nous n'avons aucune leçon à tirer des événements. Je ne vais pas vous expliquer que nous aurions pu éviter ces attentats si nous avions eu plus de moyens : nous avons ceux que nous avons demandés, même s'il faudra plusieurs années pour les mettre en œuvre. Après de tels attentats, nous nous interrogeons pour savoir ce que nous pouvons faire pour améliorer notre capacité de renseignement technique et humain, de façon à réduire la probabilité que quelque chose nous échappe. C'est ce que nous faisons tous les jours, et nous avons tiré les conséquences des attentats de janvier et novembre 2015.

Même avec les moyens dont disposent les États-Unis, nous ne ferions pas forcément mieux. Ce n'est pas une question de moyens. Simplement, nous ne sommes pas infaillibles. Le but est de réduire la probabilité que nous laissions passer un incident.

Quand des attentats ont lieu à Bamako, à Ouagadougou ou au Grand-Bassam, c'est également un sujet de grande frustration pour mon service. Nous entretenons une coopération forte avec ces pays, nous y sommes fortement implantés, nous les soutenons et les aidons. Encore ne déplorerait-on aucune victime française, des attentats y font des victimes parmi nos alliés, les affaiblissent, peuvent les déstabiliser. Notre rôle est aussi d'éviter ces attentats.

Mais il faut mettre cela en rapport avec des réussites dont, par définition, vous n'avez pas connaissance, puisqu'il s'agit d'attentats que nous avons empêchés.

Depuis janvier 2013, mon service a contribué à la conception, à la planification et à la conduite de soixante-neuf opérations d'entrave de la menace terroriste : douze ont permis d'éviter des attentats contre des intérêts français à l'étranger, six des projets d'attentats susceptibles de frapper des intérêts occidentaux – puisqu'ils n'ont pas eu lieu et que nous ne savions pas s'ils nous visaient spécifiquement, on ne peut pas savoir s'il y aurait eu des victimes françaises – et cinquante et une opérations ont eu lieu afin de réduire la menace terroriste, c'est-à-dire faire arrêter des gens, déjouer des projets ou mettre des terroristes hors d'état de nuire. Ces opérations ont eu lieu dans les régions suivantes, par ordre décroissant : l'Afrique subsaharienne, la zone afghano-pakistanaise, la corne de l'Afrique, la Syrie, l'Europe, la Libye et l'Égypte.

Pour présenter ces mêmes chiffres sous un autre angle, notre rôle a consisté à transmettre des renseignements à nos partenaires pour leur permettre de déjouer les attentats dans vingt-neuf cas, et, dans quarante opérations, nous avons directement contribué à la mise en œuvre de celles-ci. Parfois les sources étaient uniquement des sources humaines, mais, le plus souvent, les informations étaient de source humaine et technique.

Pour nous, mettre hors d'état de nuire signifie neutraliser par des arrestations ou d'autres moyens. Nous intervenons en appui des forces armées françaises et de nos partenaires de la coalition. Nous fournissons des renseignements à la coalition, notamment ce que nous appelons des points d'intérêt. Nous avons fourni, aussi bien pour l'Irak que pour la Syrie, de très nombreux points d'intérêt, qui sont ensuite exploités et complétés par la direction du renseignement militaire.

Nous avons accru le rythme et l'intensité de nos opérations, notamment celles du service action. Il est utilisé au plein de ses capacités sur ces différents théâtres. Pour en revenir aux leçons tirées des attentats, nous ne sommes pas partis de zéro. Depuis plusieurs années, tout particulièrement depuis les années 2010, la coopération avec la DCRI devenue DGSI s'est renforcée. Mais nous sommes passés à un stade supplémentaire après les attentats du mois de janvier 2015, puisque nous avons une cellule insérée à la DGSI, à Levallois, dirigée par un cadre de très haut niveau de mon service. Cette cellule, qui comporte des agents de la direction du renseignement et de la direction technique, a accès aux bases de données de mon service et peut donc fournir en temps réel à ses collègues de la DGSI tous les éléments dont ils ont besoin.

La stratégie de mon service est le renforcement de la coopération et une totale transparence avec la DGSI. Notre coopération a atteint un niveau sans précédent, mais l'objectif que je partage avec Patrick Calvar est encore plus ambitieux, car, malgré cela, des différences culturelles, des différences de méthode et d'approche subsistent. Le rapprochement des cultures ne veut d'ailleurs pas dire leur fusion : chacune d'elles a son mérite, il n'est pas souhaitable de les faire disparaître. Mais cette relation n'est pas encore arrivée à un degré d'irréversibilité. Mon but est de l'ancrer dans la durée.

La collaboration entre la DGSE et la DGSI est confortée par la cellule Allat, qui comporte, outre ces deux services, les quatre autres du premier cercle, plus deux des services dits « du deuxième cercle », à savoir le service du renseignement territorial (SRT) et la direction du renseignement de la préfecture de police de Paris (PP). À l'instar de ce que nous avons fait avec la DGSI, chacun des services participants doit avoir accès à ses bases de données. C'est la valeur ajoutée. Ces deux cellules, qui sont installées dans des lieux contigus, contribuent à donner une fluidité sans précédent aux échanges d'informations entre les services. Le risque de faille du fait d'une information qui n'aurait pas été transmise d'un service à l'autre est considérablement réduit.

Ce renforcement de la coopération est perfectible, mais il constitue une révolution silencieuse en cours, qui a plus de valeur, à mes yeux, que ces changements d'organigramme qui ont parfois les faveurs des soi-disant experts qui se répandent dans la presse.

Deuxième conséquence des attentats du 13 novembre, nous avons franchi une étape supplémentaire, en particulier sur le plan technique, en décidant d'un partage beaucoup plus systématique des données. Jusqu'à une date récente, elles étaient quasiment la propriété de chacun des services, qui ne les échangeaient qu'avec parcimonie. Nous sommes passés à un autre stade en nous appuyant sur une disposition de la loi du 24 juillet 2015, codifiée à l'article L. 863-1 du code de la sécurité intérieure, qui permet des échanges de données entre les services. Ce partage est réciproque, étant entendu que chaque service intervient dans le cadre de ses missions. Et nous restons soucieux d'éviter toute fuite de ces données : plus on échange, plus ce risque existe. Il y a donc des protections particulières.

D'autre part, mon service a la responsabilité des grands programmes techniques mutualisés. Nous avons mis au point des instruments qui sont prêts aujourd'hui, et sur le point d'être utilisés par les différents services. Ils doivent permettre une gestion beaucoup plus fluide du suivi des terroristes, et une priorisation, car, étant donné le nombre de cas que nous devons suivre, il est très important de les hiérarchiser et de savoir qui fait quoi. Nous avons élaboré ces instruments pour les mettre à la disposition des autres services.

Nous avons procédé de même avec la direction du renseignement militaire. La DRM apporte des renseignements en vue de l'attrition des groupes terroristes. Un groupe de travail s'est créé sous l'égide de la DRM, en vue du ciblage en zone Syrie-Irak, et nous y participons avec les autres groupes de la communauté du renseignement.

C'est le cas pour la Syrie et l'Irak: la marginalisation des Sunnites depuis

2003 en Irak et depuis les années soixante en Syrie fait que Daech peut s'appuyer sur des populations sunnites qui ne se sentent pas reconnues par l'État. Ce n'est pas une excuse, mais c'est la raison pour laquelle la prise de villes comme Mossoul, Raqqah ou Syrte est difficile si l'on ne résout pas d'abord les problèmes politiques.

En Irak, le problème politique n'a pas vraiment été abordé. Certes, le Premier ministre Haïder al-Abadi essaie, sans succès à ce jour, de régler la question, mais il doit faire face à des pressions internes ou externes et n'arrive pas, pour le moment, à intégrer les Sunnites au pouvoir. Quelques-uns sont présents, mais ils ne sont pas suffisamment représentatifs. Tant que ce problème ne sera pas résolu, il sera très difficile de prendre une ville sunnite comme Mossoul, car il faudra y affronter la population si les troupes engagées ne sont pas en majorité sunnite.

De même, en Syrie, le problème n'est pas seulement celui de la personne de Bachar al-Assad, mais celui de savoir si le gouvernement sera ou pas représentatif des différentes composantes de la population. Tant que ces problèmes n'auront pas été résolus, le nombre de terroristes ne cessera d'augmenter. Plusieurs centaines de Français combattent actuellement en Syrie et en Irak, mais raisonner en termes de nationalité n'a pas beaucoup de sens : il faudrait plutôt compter les francophones, et ne pas oublier que les membres du commando qui a attaqué à Paris le 13 novembre n'étaient pas tous francophones. Même si le problème était résolu sur les plans politique et militaire, il resterait cette foule de djihadistes, auxquels il faut ajouter ceux qui sont revenus de Syrie et ceux qui cherchent à s'y rendre.

La Libye représente un défi bien différent : là, il n'y a pas d'opposition entre Sunnites et Chiites, mais des problématiques tribales, qui ne sont pas moins complexes. Là aussi, nous avons besoin d'un gouvernement d'union nationale représentant l'ensemble de la Libye et il reste encore beaucoup à faire pour que ce soit le cas.

Dans ce pays, il faut surtout éviter une intervention militaire occidentale qui serait la meilleure façon d'unir tous les Libyens contre nous. Ça ne veut pas dire qu'il ne faut rien faire, mais qu'il faut agir de façon extrêmement discrète contre le terrorisme. L'action politique requiert un temps long, tandis que l'action contre le terrorisme demande un temps plus court. Pour le moment, Daech n'est pas structuré, en Libye, de façon aussi solide qu'en Syrie et en Irak. Une intervention intempestive ne pourrait que transformer la Libye en une terre de jihad plus attrayante. Quoi qu'il en soit, nous avons évidemment le souci d'éviter un transfert des combattants étrangers de la zone syro-irakienne vers la Libye.

Nous n'avons pas de contacts avec les services syriens. Les derniers petits contacts que nous avons eus remontent à octobre 2013, dans des conditions un peu rocambolesques. À ce moment, les Syriens soumettaient la reprise des relations avec les services de sécurité à des conditions politiques. J'ai le sentiment que les Syriens n'ont jamais fait de la lutte contre le terrorisme une priorité.

D'autre part, il n'y a pas de GSM dans les zones contrôlées par Daech, et je ne suis pas convaincu que les services syriens y aient tellement de sources, bien que plusieurs personnes qu'ils ont relâchées de la prison de Sednaya soient des terroristes qui ont rejoint le Jabhat al-Nosra et Daech. Enfin, je constate que ceux de nos partenaires européens qui ont des contacts avec eux ne paraissent pas en tirer des renseignements bien extraordinaires.

Il ne faut jamais dire jamais, mais nous avons des doutes sur l'intérêt de tels contacts en termes de renseignement : il faudrait d'ailleurs connaître, au préalable, les contreparties politiques qui nous seraient demandées, car de tels contacts seraient forcément instrumentalisés par le régime.

Quant à la fermeture de l'ambassade, elle n'a pas eu d'impact en termes de renseignement. Renseignement humain et renseignement technique vont toujours de pair, et il faut s'assurer que le renseignement humain est toujours au niveau. Le renseignement technique est surabondant, mais ce serait une erreur de tout lui sacrifier. J'ai le souci de promouvoir le renseignement humain, au même titre que le renseignement technique.

Nous coopérons avec les Russes de façon tout à fait concrète. Il est vrai qu'Abaaoud était un coordonnateur, mais pas le commanditaire. Nous connaissons le commanditaire, mais je resterai discret sur ce point. Nous avons maintenant une bonne connaissance de l'organigramme et de la façon dont s'organise le soi-disant État islamique, qui n'est pas un État, et qui est encore moins islamique. Nous avons bien progressé sur ces sujets, nous avons donc une idée de l'identité du commanditaire.

Même si le substrat chiite-sunnite alimente la guerre, il n'en est pas la cause. Il y a deux organisations terroristes rivales. L'une, Daech, a actuellement le vent en poupe, mais il ne faut pas négliger le réseau Al-Qaïda, qui reste dangereux, comme on le voit au Yémen, qui est présent en Syrie et, fortement, au Sahel. Al-Qaïda dans la péninsule arabique (AQPA) a même des velléités territoriales, puisque le groupe contrôlait quasiment Al Moukalla, dont il a été chassé – sans combattre – par la coalition arabe, avant de s'installer ailleurs. D'autres franchises d'Al-Qaïda ont la volonté d'établir des bases territoriales, mais cela ne s'est pas concrétisé pour le moment.

L'objectif de ces groupes est la guerre globale, l'établissement de la charia sur l'ensemble du monde. Ils cherchent à créer des clivages dans nos sociétés, et donc à déstabiliser la démocratie, qui est leur véritable ennemi. La France est particulièrement visée, pour deux raisons. Tout d'abord, elle est au combat, là où d'autres ont baissé les bras : elle lutte contre le terrorisme en Syrie, en Irak et ailleurs, dans la bande saharo-sahélienne ; elle a empêché le basculement du Mali et sans doute d'autres pays. C'est pour cela que nous sommes dans le peloton de tête des ennemis de cette organisation. L'autre raison est l'influence de la composante francophone, qui agit depuis la Syrie. Ce qui est vrai pour Daech l'est également pour AQPA.

Si vous regardez qui combat en Europe et qui ne combat pas, vous noterez que la France a une position plus engagée que d'autres. Les Américains sont engagés, on ne peut pas le nier, même si la période particulière qu'ils connaissent sur le plan intérieur a une influence sur leur diplomatie et la conduite de certaines affaires.

Nous comptons 600 Français combattant en Syrie pour les djihadistes. Mais il faut élargir ce chiffre pour y intégrer tous les francophones, tenir compte de ceux qui sont déjà revenus et de ceux qui voudraient bien partir.
Daech est une organisation relativement structurée, mais les groupes gardent une certaine autonomie. Nous avons assez bien identifié des katibat, avec des regroupements qui peuvent se faire par nationalité ou par affinité.

Un noyau était actif dès les années 1990, avec le Groupe islamiquearmé (GIA) algérien, le Groupe islamique combattant marocain (GICM) ou le Groupe islamique combattant en Libye (GICL). Des gens qui avaient combattu en Afghanistan jouaient un rôle assez important dans ces groupes. La nouvelle génération, qui part faire le jihad pour des raisons variées, est encadrée par ces personnes plus aguerries qui ont toute une histoire dans le jihad.

S'agissant de l'impression d'hégémonisme de l'Iran, elle tient aussi au fait que, en 2003, le renversement de situation en Irak a considérablement accru l'influence iranienne, au moment où les grands leaders traditionnels du monde arabe s'affaiblissaient : la Syrie est dans l'état que vous connaissez, nous venons de parler de l'Irak, et l'Égypte a connu une situation qui l'a marginalisée à un moment. La situation est donc non seulement due à l'Iran, mais aussi à de grands pays arabes.

Quand bien même Daech aura été vaincu sur le plan militaire, les services de renseignement savent que la menace subsistera pendant plusieurs années. Le nombre des individus concernés est significatif. N'oublions pas que, pendant toute la guerre d'Afghanistan, il n'y a eu que quelques dizaines – peut-être quarante – djihadistes français. Nous en sommes à plusieurs centaines de Français, auxquels il faut ajouter les francophones, les Tunisiens, les Marocains, et ceux que nous ne connaissons pas.

La question de la résilience de la société française se pose. Cela me rappelle les «années de plomb» qu'ont connues des pays tels que l'Italie, dans des conditions certes complètement différentes. Il faut que la France s'arme, moralement d'abord, pour pouvoir mener cette lutte de très longue haleine.»
L'avenir

Les orientations du combat militaire contre l'EI s'inscrivent dans le cadre d'une réforme plus large de la DGSE. Son patron, le diplomate Bernard Bajolet, 67 ans en mai, que François Hollande a prolongé à son poste jusqu'en 2017 au-delà de la limite d'âge, espère mettre en œuvre un «plan stratégique» à l'horizon 2025.

La réforme comprend une forte augmentation des effectifs (850 recrutements d'ici à 2019 pour atteindre 7000 agents), des partenariats avec les Européens, un renforcement du renseignement humain pour suivre l'explosion du renseignement technique acquis par les services secrets ces dernières années.

Face à l'EI, tous les moyens sont employés, et la France est également présente dans le ciel libyen avec des outils conventionnels sur lesquels le ministère de la défense ne communique pas. Engagées depuis la mi-novembre 2015 par des avions de chasse et de reconnaissance, les opérations d'ISR (intelligence, surveillance, reconnaissance) continuent. Des sources militaires évoquent la nécessité de «préparer l'avenir» pour d'éventuelles actions plus larges, même si cet horizon reste peu clair.

Pour l'heure, il s'agit de garantir au président la politique du hit and run («frappe et fuis»): disposer d'un renseignement complet à jour, afin de pouvoir frapper dès que se présente l'opportunité de «neutraliser» un cadre connu de l'EI ou de casser un projet d'attentat menaçan_

MOSSAD - Kidon

L'Algérie Française

Le Mossad a été réellement impliqué durant la guerre d'indépendance, contre le FLN. A 78 ans, l'agent Avraham Barzilai a décidé de parler de son passé d'agent du Mossad, en Algérie. Précisément à Constantine ou, à 29 ans, il avait été envoyé par les services secrets israéliens, en compagnie de sa femme, afin de monter des cellules opérationnelles pour faire la guerre à l'ALN, sous la couverture d'un modeste enseignant d'hébreu.

Avraham Barzilaï est arrivé à Constantine en janvier 1956, après avoir servi dans l'unité 131 des services de renseignement de Tsahal et avoir entraîné, dans ce cadre, les jeunes juifs égyptiens qui furent impliqués ensuite dans la « sale affaire ». Barzilaï, 29 ans à l'époque, est envoyé par le Mossad, avec sa femme, à Constantine. Sa « couverture » est un poste d'enseignant de l'hébreu. En mai 56, il a déjà mis sur pied des cellules de juifs constantinois armés qui ont pour mission de défendre la communauté juive locale.

Ce que racontent l'agent Barzilai et son responsable direct, Shlomo Havilio, en poste en 1956 à Paris, sont les détails d'une opération des services du Mossad qui ont entraîné et armé des cellules composées de jeunes juifs de Constantine pour faire la guerre à l'ALN. Les deux agents, qui avaient déjà servi dans l'unité 131 des services de renseignements de l'armée israélienne en Egypte, avaient déjà monté des cellules similaires pour déstabiliser le gouvernement de Nasser en armant des juifs égyptiens, lors d'une opération ratée, connue sous le nom de code de «la sale affaire».

Selon le découpage du Mossad en 15 zones géographiques, le Maghreb (Maroc, Algérie, Tunisie), occupe une place prédominante surtout depuis qu'Israël s'est mis dans l'idée de relancer la normalisation avec Rabat et Tunis. Barzilaï a le pressentiment que le FLN va commettre un attentat le 12 mai 1956…Il donne donc l'ordre aux membres de sa cellule de s'armer de pistolets et de patrouiller, rue de France, l'artère principale du quartier juif de Constantine. À midi, une très forte explosion secoue la rue: un Arabe a jeté une grenade à l'intérieur d'un café. Les jeunes de la cellule de Barzilaï arrivent sur place très rapidement. Des femmes juives crient. L'une d'elle désigne du doigt la ruelle vers laquelle le terroriste s'est enfui. Les jeunes juifs de sa cellule l'ont rattrapé et l'ont abattu.

Les aveux de cet agent du Mossad se poursuivent, intacts et cyniques. *«Nous craignions que les Arabes ne viennent se venger contre le quartier juif. Nous avons alors déployé quatre autres cellules sur des points stratégiques, à l'entrée du quartier juif. Certains juifs portaient des armes, avec l'autorisation des autorités françaises. Très rapidement les coups de feu ont commencé à fuser de toutes parts. Et les juifs armés, furieux après l'attentat, ont commencé à se diriger vers le quartier musulman. J'ai donné l'ordre à nos hommes de prendre le contrôle de la situation et d'éviter tout débordement aux conséquences dramatiques»*, raconte Barzilai.

Il explique que seuls six soldats français sont arrivés sur place. Ce sont les juifs des cellules du Mossad qui leur ont indiqué ce qu'ils avaient à faire... *« Nos hommes ont pénétré dans des cafés arabes voisins et leur ont causé des pertes sérieuses »*, rapporte Barzilaï dans un message codé envoyé au quartier général du Mossad en Europe, dirigé à Paris par Shlomo Havilio.

Pour ces espions, la traque des militants du FLN était permanente. Elle se substituait dans les quartiers juifs à celle de l'armée française. Cet agent du Mossad confie d'ailleurs que des soldats français étaient «dirigés» par ces cellules du Mossad.

Le reste de ce récit sera divulgué lors de cette semaine à l'occasion du rassemblement de Jérusalem auquel prendra part Enrico Macias qui doit donner un concert de Malouf et la ministre du gouvernement Raffarin, Mme Nicole Guedj, secrétaire d'Etat aux droits des victimes, originaire également de Constantine.

Durant ce séminaire, plusieurs personnalités juives algériennes interviendront dont le professeur Benjamin Stora qui animera une conférence sur «la résistance et l'exode des juifs» de Constantine ou le professeur Marc Zerbib, connu pour être un des organisateurs des réseaux des juifs algériens établis en Israël et estimé à 50.000 membres par différentes sources. Ce rassemblement auquel les juifs de Constantine accordent une importance particulière, avec avion spécial depuis Paris et même la présence du Président israélien, Moshe Katzav aux travaux, permettra, certainement, de faire la part des choses sur le traitement accordé aux juifs constantinois par les Algériens surtout sous le règne vichyste. Reste à savoir si les aveux lourds de sens des agents du Mossad sont le premier mea culpa à l'adresse des Algériens...

C'est un historien français, Gilbert Meynier, qui donne ce chiffre se basant sur le livre d'Anne-Marie Laouanchi, écrit en hommage à son mari Salah Laouanchi, responsable de la Fédération de France du FLN de 1956 à 1957. Le bilan a été fourni par les compagnies républicaines de sécurité (CRS). Devant l'ampleur des réactions qu'un tel chiffre ait pu produire dans l'opinion publique, M. Meynier a fait, récemment, une sorte de mea culpa pour « avoir pris pour seule source, celle d'une proche du FLN ».

Mais ça, c'est une autre histoire. L'essentiel, qui a été derrière ces massacres? Ces actions sont-elles le fait de la DST, les services de renseignements français, ou du Mossad, ou alors les deux en même temps, dans un esprit de collaboration pour étouffer la Révolution algérienne. Quel rôle avait joué le Mossad, le service de renseignements israélien, dans ces tueries ?

Dans les travaux d'investigation effectués par Mme Ouanassa Siari Tengour, présentés lors du Colloque de 2006, sur la guerre de Libération (1954-1962), qui a eu lieu à Skikda, l'auteur retrace « le contexte de crise générale » dans lequel surviennent ces massacres des 12 et 13 mai 1956, et qui ont coïncidé avec le premier jour de la fête de l'Aïd pour les musulmans. Ceux-ci « ne doivent rien au hasard. Ils sont l'aboutissement logique de pratiques dont les caractéristiques les plus visibles sont la répression, l'arbitraire et l'impunité et qui se trouvent réactivées par le déclenchement de la lutte armée, le 1er novembre 1954 ».

Elle note, dans son étude, sur la base de témoignages, la situation exceptionnelle, insurrectionnelle, que suggère le dispositif policier qui y est déployé. Des milices dites «antiterroristes», — c'est-à-dire engagées contre les éléments du FLN — avaient procédé à une série d'exécutions dans le Constantinois. Le prétexte de ces tueries intervenues les 12 et 13 mai, c'est l'attentat contre un café détenu par un juif. Après l'explosion de la bombe, la réaction ne s'est pas fait attendre, la chasse à « l'Arabe » commence. Des civiles sont abattus froidement...

Or si la presse de l'époque (La Dépêche de Constantine) a présenté l'auteur comme «un élément lié au FLN», ce dernier par le biais de son journal « El Moudjahid » réfute cette version en l'imputant, selon les précisions en bas de l'article de Mme Tengour, à «un homme habillé à l'européenne». Cela n'a, évidemment, pas empêché les groupes armés de la rue de France (quartier juif) de déclencher les représailles contre les populations musulmanes. Ce sont des groupes de milices bien encadrées par une organisation, implantée au Maghreb, et affiliée au Mossad qui se sont chargés de cette sale besogne.

Cela commence le 12 mai 1956. Le Mossad avait déjà entrepris d'encadrer les éléments juifs. Barzilaï, un agent du Mossad, donne, déjà, l'ordre aux membres de sa cellule de s'armer de pistolets et de patrouiller, rue de France, l'artère principale du quartier juif de Constantine. Les Français n'osaient pas intervenir, cette action les aidait à démanteler les réseaux des militants du FLN.

Cet enseignant d'hébreu agissait sous l'ordre de son responsable direct,

Shlomo Havilio, en poste en 1956 à Paris. Les services du Mossad ont entraîné et armé des cellules de jeunes juifs de Constantine pour faire la guerre à l'ALN. Les deux agents sont présentés comme des spécialistes de la subversion, au service des services de renseignements israéliens, ils avaient opéré dans les pays arabes , en Egypte plus exactement, en montant des cellules similaires pour déstabiliser le gouvernement de Nasser en armant des juifs égyptiens.

Les massacres en question interviennent dans une situation qui n'était pas, à vraiment parler, calme dans toutes les régions d'Algérie. Dans le Constantinois, une dizaine de mois auparavant, l'insurrection d'août 1955 s'est soldée par plusieurs arrestations de militants algériens. C'est une situation d'insurrection permanente avec des attentats visant les policiers français ou les représentants de l'administration coloniale. On a pu noter, à ce titre, en avril 1956, des actions qui se sont soldées par 101 assassinats dont celui qui a visé le commissaire principal San Marcelli.

Les représailles feront un grand carnage parmi les populations civiles. Des historiens essaient de réfuter l'idée que le massacre des 12 et 13 mai ait été le fait seulement de ces milices essayant de montrer que « c'est le dispositif policier qui a pris la relève après le premier jour des hostilités ». Quand bien même l'hypothèse en question peut être crédible, rien n'empêche les éléments du Mossad qui «ont fait un noyautage des militaires», selon certains historiens, d'agir sous une autre couverture. Les deux communautés musulmane et israélite se sont déjà affrontées, en 1934, à la suite d'un acte de provocation d'un lieu de culte musulman (profanation d'une mosquée) considéré comme « un petit incident sans importance». Mais, note-t-on, si l'embrasement n'a pas eu lieu, c'est que, entre les deux périodes, le contexte est totalement différent. Dans le dernier cas, on est en pleine guerre de Libération et les groupes en question sont cette fois-ci bien armés par le Mossad.

Kidon

Dans son Livre "*Les Services Secrets Israéliens*", Eric Denecé present l'histoire du Kidon: "*Ce fut longtemps la sayeret Matkal qui eut la charge de ces opérations d'élimination, jusqu'à ce que le Mossad reprenne cette mission au début des années 1970, via son unité spécialisée : le Kidon (« La baïonnette »). Rattaché à Metsada,la division des opérations spéciales, cette unité ultrasecrète estle bras armé de l'État hébreu, responsable de l'élimination des «classiques» de l'armée de l'air, à l'aide de missiles ou de drones.*

Le Kidon ne compte qu'une soixantaine de «combattants», dont une dizaine de femmes. Tous ont entrevingt et trente ans. La majorité d'entre eux provient desforces spéciales (Matkal et shayetet 13 notamment). Leuridentité est soumise au secret le plus strict et les kidonim ne semélangent pas avec leurs collègues du Mossad. Ils ne restentd'ailleurs que quelques années dans l'unité, compte tenu de lanature de leurs activités et des conséquences psychologiquesqu'elles peuvent avoir sur eux. Seuls quelques-uns des ancienspatrons de l'unité sont connus : le Kidon a été dirigé, entreautres, par Mike Hariri qui pilota l'opération Printemps de lajeunesse ; Shabtai Shavit, futur directeur du Mossad ; et HagaiAddas, qui dirigea l'unité pendant une vingtaine d'années,jusqu'au milieu des années 1990.

Les kidonim vivent et s'entraînent dans le désert duNéguev, sur la base aérienne de Kfar-Tsin. Leur centred'entraînement reproduit toutes les situations dans lesquellesune exécution peut avoir lieu et leur permet de mettre enœuvre les mesures que les tueurs doivent prendre pour menerà bien leur mission et s'enfuir. Leurs instructeurs sont tousd'anciens opérateurs de terrain. Ils leur enseignent toutes les techniques de surveillance et de contre-surveillance pours'approcher d'une cible. Ils leur apprennent ensuite à tuer detoutes les façons possibles : à mains nues, avec un couteau, unstylo et même une carte de crédit.

Les kidonim doivent pouvoirprécision), savoir concevoir et manipuler les explosifs et êtrecapables d'administrer une injection mortelle de poison à unecible en pleine foule. Surtout, ils doivent être capables dedonner à un assassinat les apparences d'un accident. Afin depréparer leurs opérations, les kidonim visionnent et étudienten détail tous les films sur les grands assassinats du passé ; ilsmémorisent également les visages et les biographies de dizaines de cibles potentielles.

Les futurs « combattants » se rendent régulièrement àl'étranger pour se familiariser avec les grandes capitaleseuropéennes ou nord-américaines où ils opéreront. Ils sonttoujours accompagnés de leurs instructeurs, dont le rôle estd'évaluer leurs capacités à organiser une exécution sansattirer l'attention. Les cibles choisies sont des sayanim locaux, àqui l'on dit simplement qu'ils vont participer à un exercice desécurité visant à améliorer la protection d'une synagogue oud'une banque. Ces volontaires juifs se retrouvent ainsibrutalement ceinturés dans une rue déserte et plaqués sur la
banquette arrière d'une auto quand ils ne sont pas menacésd'une arme chez eux, en pleine nuit.

Toutes les actions entreprises par le Kidon sont approuvées par le Comité X.

Une fois la cible déclarée «ennemie d'Israël» et condamnée à mort dans une planque spéciale de la rue Pinsker, à Tel-Aviv, des juristes proclament la sentence ultime, immédiatement relayée aux tueurs professionnels parle directeur du Mossad. La plupart du temps, le Premier ministre, qui a validé ces listes, s'entretient personnellement avant de donner le feu vert.

En opération, les équipes du Kidon se composent de quatreéléments, généralement trois hommes et une (jolie) femme –le piège idéal pour éliminer les cibles masculines. Le premierest chargé de la surveillance de la cible, le second estresponsable de l'acheminement de l'équipe sur les lieux oùaura lieu l'opération d'élimination et de son évacuation. Cesont les deux derniers membres qui ont la responsabilitéd'éliminer la cible. En appui de cette équipe, d'autres agentsjouent un rôle important : les sayanim, qui s'occupent de lalogistique opérationnelle.

Chacun des kidonim dispose de trois à cinq identités fictivespour ses missions. Jusqu'en 1998, les fausses nationalités lesplus prisées par les kidonim étaient canadiennes, mais depuis lefiasco d'Amman*1, après lequel le Canada menaça de rompreses relations diplomatiques avec l'État hébreu, il sembleraitque le Mossad en soit revenu aux faux papiers « classiques »,turcs, suisses ou belges"

Munich

La plus célèbre et emblématique mission des exécuteurs du Mossad fut la traque et l'élimination impitoyable des membres de l'organisation palestinienne *Septembre noir* responsable du meurtre de onze athlètes israéliens aux jeux Olympiques de Munich en 1972. Paradoxalement, son objectif ne correspondait pas à ceux définis par le Comité X, à savoir: lutter contre des menaces imminentes et majeures contre la sécurité de l'État hébreu. En l'espèce, il s'agissait bien d'une action de vengeance dans la grande tradition de la loi du Talion.

Golda Meir, le Premier ministre, s'est juré qu'aucun des responsables de ce massacre n'échappera à la colère d'Israël. En représailles, elle déclenche l'opération Colère de Dieu, qu'elle confie au Kidon. Le Mossad dresse une liste de cibles, toutes membres éminents de l'OLP Europe. Au cours des dix mois qui suivent les événements de Munich, au moins neuf hommes en relation avec le terrorisme palestinien périssent de mort violente.

Le 16 octobre 1972, Wael Zwaiter, représentant de l'OLP en Italie, est abattu à Rome. À Paris, le 8 décembre, le coordinateur du massacre de Munich, Mahmoud Hamshari, meurt des blessures occasionnées par l'explosion de son téléphone. Le 25 janvier 1973, Hussein al-Bashir perd la vie à Nicosie dans l'explosion d'une bombe dans sa chambre d'hôtel.

La même année, le docteur Basil al-Baissi est assassiné à Paris et Zaiad Muchasi, représentant du Fatah à Chypre, trouve la mort dans l'explosion de sa chambre d'hôtel à Athènes.

En 1988, Khalil al-Wazir – plus connu sous son pseudonyme d'Abou Jihad –, l'un des fondateurs du Fatah et l'un des principaux adjoints de Yasser Arafat à la tête de l'OLP, est assassiné en Tunisie à la suite d'une opération très élaborée, réalisée conjointement avec Matkal.

Cette série d'opérations ne sera pas sans bavure, notamment celle de Lillehammer; elle se poursuivra néanmoins jusqu'en 1992, avec l'élimination à Paris d'Atef Bseiso, un des dirigeants du service de renseignement de l'OLP. Suivi depuis Berlin par une équipe du Kidon, Bseiso sera abattu de trois balles dans la tête devant son hôtel de la rive gauche. Ainsi, cette mission prend fin vingt ans après la tragédie de Munich et seulement un an avant la signature de l'accord de paix d'Oslo entre Israéliens et Palestiniens.

Une fois la vengeance de Munich terminée, la lutte contreles organisations terroristes palestiniennes et libanaises neprend pas fin pour autant. Il va désormais se consacrer à l'élimination des dirigeants palestiniens du Front populaire pour la libération de la Palestine (FPLP).

Puis en 1995,c'est au tour de Fathi Shiqaqi, le chef du Djihad islamique palestinien, d'être abattu de plusieurs balles dans la tête dans son hôtel, à Malte.

En 2002, Ahmed Jibril, le chef de l'aile militaire du FPLP-CG, est assassiné à Beyrouth. Puis en septembre 2004, Izz al-Din Sheikh Khalil, un membre de la branche militaire du Hamas, trouve la mort dans l'explosion de sa voiture, à Damas.

Puis, le 25 avril 2008, à Damas, alors qu'il se rend à un rendez-vous secret, Hisham Faiz Abu Libda, conseiller personnel de Khaled Mechaal, est assassiné dans sa voiture. Libda engage sa voiture dans le trafic dense de la capitale syrienne. Alors qu'il s'arrête à un feu rouge, une voiture vient à sa hauteur et plusieurs balles tirées à bout portant l'atteignent au visage. Le Hamas vient de perdre l'un de ses membres les plus illustres.

Le 2 août 2008, les hommes de la shayetet 13 assassinent le général Muhammad Suleimane, chef du programme nucléaire syrien, dans sa résidencesecondaire de Tartous. Avec la liquidation de ce personnage peu connu mais essentiel, toute velléité de reprise des ambitions syriennes en matière nucléaire est sérieusement compromise.

Enfin, suite au démantèlement du Réseau libanais al-Jarrah par le Hezbollah et les Moukhabarat syriens, les Israéliens ripostent en éliminant un haut gradé des services secrets syriens, le général Abdul Abbas, dans un attentat à la voiture piégée, le 29 septembre 2008.

L'opération la plus emblématique – et la plus médiatisée – du Kidon a lieu le 19 janvier 2010, à Dubai. Mahmoud al-Mabhouh, responsable du Hamas chargé de l'approvisionnement en armes du mouvement, est retrouvémort dans sa chambre de l'hôtel Al Bustan Rotana. Il est allongé sur son lit, aucun désordre particulier ne régnant dans la pièce qui est verrouillée de l'intérieur. Les enquêteurs ont toutefois rapidement des doutes quant à cette mort apparemment naturelle.

L'examen des multiples caméras de surveillance installées dans l'hôtel, à l'aéroport et dans un centre commercial voisin permet aux autorités d'identifier dans un premier temps onze personnes pouvant être impliquées dans cet assassinat. La police de Dubaï ajoutera par la suite quinze autres suspects à sa liste.

Ben Barka

Les services secrets israéliens auraient aidé Rabat à localiser l'opposant marocain Mehdi Ben Barka et à le faire disparaître, en octobre 1965 à Paris, selon les révélations du quotidien israélien Yediot Aharonot.

L'implication du Mossad, les services secrets israéliens, dans l'enlèvement à Paris de l'opposant marocain Mehdi Ben Barka en 1965 a très tôt été soupçonnée. En 2008, le journaliste Samuel Segev avait évoqué l'implication du Mossad et rappelé dans un livre des détails sur les relations secrètes entre Israël et le Maroc. Le Mossad avait selon lui, indirectement permis aux services secrets marocains de repérer l'opposant socialiste, puis de le piéger.

Mehdi Ben Barka a été enlevé par deux policiers français, le 29 octobre 1965, devant la brasserie Lipp, à Paris. L'opposant au régime marocain avait rendez-vous avec des cinéastes pour un projet de films sur la décolonisation. Il n'a pas réapparu et son corps n'a jamais été retrouvé.

Dans les années 1950, la France embourbée dans la guerre d'Algérie, a, établi des relations soutenues avec le Mossad, pour obtenir des informations sur le FLN. Le Mossad dispose donc d'une implantation en France. Israël a également développé des relations avec le Maroc, le plus pro-occidental des pays arabes, l'aidant notamment à restructurer ses services secrets du royaume. Les services secrets israéliens ont obtenu de pouvoir observer un sommet de la Ligue arabe à Casablanca, en septembre 1965. En échange, Rabat exige du Mossad son aide pour repérer et éliminer l'opposant Mehdi Ben Barka, qui voyage toujours incognito, avec beaucoup de précautions pour ne pas se faire repérer.

Après avoir repéré l'opposant, le Mossad fournit une aide matérielle, des faux documents, une cache, pour son enlèvement. Si le Mossad n'est pas impliqué dans la mort de Ben Barka, il se charge de faire disparaitre sa dépouille, dans la forêt de Saint Germain: "*Le service a eu l'idée de dissoudre le corps avant de l'enterrer avec de l'acide*, raconte Ronen Bergman au Monde, *à base de produits chimiques achetés dans plusieurs pharmacies. Cette nuit-là, il a plu. La pluie a accéléré le processus.*" L'opposant marocain Mehdi Ben Barka a été assassiné par Ahmed Dlimi, N.2 de la police secrète marocaine.

Trois ans plus tard, une route a été construite à cet endroit. S'il reste quelque chose de sa dépouille, c'est sous un noeud routier à cet endroit. Le Mossad a agi parce qu'il était redevable envers le Maroc, mais n'avait pas d'hostilité particulière envers l'opposant marocain qui avait entretenu des relations avec des officiels israéliens et "*admirait, les réalisations de l'Etat hébreu dans le domaine de l'agriculture, du développement régional et de l'armée.*"

Le 29 octobre 1965, Ben Barka est arrivé à Paris en provenance de Genève, avec un passeport diplomatique algérien. Il a déposé ses valises chez son ami Jo Ohanna, un juif marocain, et s'est rendu à pied à la brasserie Lipp pour y rencontrer un journaliste français, quand deux policiers français en civil l'ont interpellé et conduit dans une voiture de location jusqu'à une villa au sud de Paris.

Nous savons avec certitude que Ben Barka était encore en vie le 1er novembre (...) [le général] Dlimi ne voulait pas le tuer, mais lui faire avouer son intention de renverser le roi Hassan II. Ben Barka avait les chevilles entravées et les mains nouées dans le dos, et Dlimi lui a plongé la tête dans un bac rempli d'eau. A un moment donné, il a pressé trop fort sur ses jugulaires, l'étranglant ainsi à mort. Le ministre marocain de l'Intérieur, le général Mohammed Oufkir, chef de la police secrète, est ensuite arrivé à Paris pour organiser l'enterrement, qui s'est déroulé à Paris, quelques jours après le décès, sur une aire en construction, où il y avait du béton et du ciment, aux abords de l'autoroute du sud.

Ben Barka, qui voyageait beaucoup à travers le monde, se servait d'un kiosque à journaux à Genève comme d'une boîte postale où il venait récupérer son courrier, et le Mossad a donné cette information à Dlimi. On apprend aussi que Ben Barka a rencontré en 1960 un haut responsable du Mossad pour lui demander - en vain - une aide financière et en armes afin de renverser le régime chérifien, et que David Ben Gourion, le fondateur d'Israël, en a averti le souverain marocain.

Après le déclenchement en 1963 de la guerre entre le Maroc et l'Algérie, le chef du Mossad, Meir Amit, doté d'un faux passeport, a rencontré à Marrakech le roi Hassan II pour lui déclarer: "*Nous pouvons, et nous voulons vous aider*". Les instructeurs d'Israël ont ensuite entraîné des officiers marocains, formé des aviateurs au pilotage de Migs-17 soviétiques, organisé ses services secrets, surveillé la construction de la barrière entre le Maroc et l'Algérie, vendu des armes, y compris des chars AMX-13 français via Téhéran, et équipé des embarcations de pêche avec des radars pour les transformer en gardes côtes.

En 1965, Israël a pu suivre le sommet arabe de Casablanca et a ainsi découvert l'impréparation des armées arabes bien avant la guerre de juin 1967.

Operation Osirak

La destruction de la centrale atomique irakienne d'Osirak par l'aviation israélienne fait partie de ces opérations inscrites en lettres de feu dans l'histoire de Tsahal. Nommée Opéra, Babylone ou encore Tamouz en flammes, cette opération militaire réalisée le 7 juin 1981 a permis de neutraliser le programme nucléaire de Saddam Hussein, alors soutenu et chapeauté par la France.

Officiellement, ce nom avait été choisi pour rappeler le mois du calendrier babylonien et le jour du calendrier grégorien lors duquel le parti Baas de Saddam avait pris le pouvoir à l'occasion du coup d'État de 1968. Mais le fait que Saddam ait ou non voulu rappeler aux Juifs le souvenir de la première brèche apparue dans la muraille de Jérusalem lors du siège de la ville par Nabuchodonosor, roi de Babylonie, n'a que peu d'importance : Le fait est que la présence de cette centrale atomique, dans un pays ennemi dirigé par un tyran sanguinaire, a été vécue par une grande partie des Israéliens – et à leur tête le Premier ministre Ména'hem Bégin – comme une menace existentielle.

L'hypocrisie française

C'est dès son arrivée au pouvoir dans les années 1960 que Saddam Hussein décide de doter son pays de l'arme nucléaire. Mais il lui faudra attendre une bonne décennie pour arriver à ses fins.

En 1974, le président Valéry Giscard d'Estaing s'était rendu à Badgad. Or, pour sa seule et unique visite à l'étranger, c'est en France que Saddam Hussein choisit de se rendre en 1975. Il rencontre en Provence le Premier ministre Jacques Chirac, avant de visiter avec lui la centrale de Cadarache, l'un des plus importants centres de recherche et développement pour l'énergie nucléaire en Europe. Puis il s'entretient à Paris avec Valéry Giscard d'Estaing.

A son retour, Saddam publie une déclaration disant que « *l'accord avec la France est le premier pas concret vers la production de l'arme atomique arabe* ». Ce qui n'empêche nullement Paris de signer à Bagdad, le 18 novembre 1975, un accord de coopération nucléaire franco-irakien dont le contrat atteint un milliard de francs. Le texte précise qu'il s'agit d'une utilisation « pacifique » du nucléaire.

La centrale que construiront les compagnies françaises Saint-Gobain, Bouygues et Technicatome s'appellera Osirak pour les Français et 17 Tamouz pour les Irakiens.

C'est là qu'Israël et ses services de renseignements entrent en scène ... Pour les Israéliens – qui surnomment ironiquement la centrale irakienne « Ô Chirac ! » -, il ne fait aucun doute que Saddam n'a pas du tout l'intention de se contenter d'une centrale nucléaire à usage civil.

Tout le monde – y compris Giscard et Chirac – sait pertinemment que l'Irak n'a nul besoin d'une nouvelle source d'énergie pour produire son électricité vu la quantité de pétrole qu'il tire de son sous-sol. Tout le monde sait également que le président irakien ne s'intéresse qu'à la production «accessoire» de ce réacteur : Le plutonium avec lequel il va pouvoir fabriquer des bombes A...

Ne se contentant pas de ses liens avec la France – moyennant des quantités astronomiques de pétrole vendues à très bon marché, voire gratis -, Saddam achète à l'Italie un lot d'équipements supplémentaires hautement suspects puisque destinés à la manipulation de substances très radioactives. Il fait aussi l'acquisition de plutonium et d'uranium enrichi sur le marché noir.

Pour freiner cette course au nucléaire de l'Irak, Israël choisit de procéder d'abord indirectement. Le 6 avril 1979, le Mossad détruit la cuve en acier du réacteur d'Osirak lors d'une opération commando réalisée à l'intérieur même de l'usine de Constructions navales et industrielles de la Méditerranée

(CNIM) à La Seyne-sur-Mer (Var). La France répare ensuite les dégâts …

Yahia El-Meshad

Le chef du programme nucléaire irakien, l'égyptien Yahia El-Meshad, etait assassiné dans un hôtel à Paris, présumé frappé par une équipe de tueurs du Mossad. Le Premier Ministre Menahem Begin a dit à un journaliste qu'il espérait que la France «a tiré la leçon» pour son aide à l'Irak. Il lui était indispensable de mentionner l'assassinat du scientifique égyptien Yahya Al-Meshad, comme "une mesure nécessaire qui assure la destruction du programme nucléaire irakien".

Le Mossad a pu infiltrer le Commissariat à l'énergie atomique français (CEA) grâce à «sayan» et identifier le scientifique nucléaire égyptien éminent qui travaillait pour le compte de l'ancien président irakien Saddam Hussein à Paris.

Les services de renseignement israélien lui ont proposé de l'argent et du pouvoir en contrepartie d'échange d'informations sur le site nucléaire. Après son refus de collaborer avec eux, ils ont décidé de le liquider. Il fut égorgé à Paris, dans son hôtel, dans la nuit du 12 au 13 juin 1980, par le Mossad.

Al-Meshad avait fait ses études d'ingénierie à l'Université d'Alexandrie, avant d'obtenir un doctorat en ingénierie nucléaire en URSS en 1956, pays qu'il avait rejoint pour ses études, grâce à une bourse…

Un an plus tard, le 14 juin 1980, Yahya Al-Meshad, un Egyptien membre de la Commission atomique irakienne et actif collaborateur du programme Osirak, est égorgé dans un hôtel parisien. En parallèle, des ingénieurs du Commissariat à l'Energie atomique (CEA) français reçoivent des lettres de menace.

Toujours en vue d'éviter une confrontation directe avec l'Irak, Israël entame un marathon diplomatique pour tenter de convaincre la France de stopper son aventure périlleuse avec Saddam. Mais Paris refuse et répète que le programme nucléaire irakien n'est qu' «à usage civil». La « preuve » selon Paris : Saddam a signé le Traité de Non-prolifération atomique (TNP)

Lors de l'un des conseils des ministres réuni à Jérusalem en 1978, le gouvernement apprend des experts du Mossad que l'Irak aura sa bombe d'ici 1980. Face au peu de succès des négociations diplomatiques, le Premier ministre Ména'hem Bégin ordonne alors au chef d'état-major de Tsahal, Raphaël Eitan (Rafoul), de préparer un plan d'attaque.

En août 1980, dans un discours très virulent, Saddam menace à nouveau de détruire Israël : Pour Bégin, cela signifie que le temps presse et que le compte à rebours de l'opération Osirak a commencé. Si bien qu'en octobre, le cabinet entérine la décision d'attaquer cette centrale.

Mais cette opération militaire est repoussée, cette fois-ci pour des raisons politiques. En effet, lorsque le Pr Ouzi Even, spécialiste du nucléaire, a vent du plan d'attaque, il en fait part au chef de l'opposition, Shimon Pérès. Dans une lettre adressée à Bégin, Pérès écrit alors : « J'*ai le sentiment qu'il est de mon devoir civil de vous conseiller – avec tout le sérieux et la prise en compte de tous les intérêts nationaux – de ne pas mener cette opération (...). Je joins ma voix – qui n'est pas la seule – à ceux qui vous demandent de ne rien faire, surtout dans cette conjoncture et dans ces conditions !* ». C'est que pour Pérès, seule la voie diplomatique est envisageable.

C'est suite à cette lettre de Pérès, alors que les pilotes de l'aviation israélienne procédaient à leurs derniers préparatifs avant ce raid sur l'Irak, que le gouvernement décide le 10 mai 1981 de repousser l'attaque. Bégin craint en effet que si la nouvelle est déjà arrivée aux oreilles de Pérès, elle a tout aussi bien pu parvenir à celles de l'ennemi...

Mais après maintes autres hésitations, c'est donc finalement la date du 7 juin, veille de la fête de Chavouot, qui est choisie pour le raid. Ainsi, à 16h (heure israélienne), huit F-16 et deux f-15 décollent de la base Etsion : ils ont 1 100 kilomètres à parcourir. A 17h35, juste avant le coucher du soleil, ils bombardent et détruisent Osirak : trois heures après, ils sont de retour en Israël. L'opération Opéra est une totale réussit

Muhammad Boudia

Le 28 juin 1973 à 10 h 45, Mohamed Boudia est assassiné à Paris. Le crime était signé: le Mossad avait placé une bombe dans la voiture de cet homme de culture algérien, qui militait activement dans la Resistance palestinienne.

Constant dans la lutte anti-impérialiste, Boudia épouse la cause de la résistance palestinienne et fonce vers une réalité tragique marquée par son empreinte. Cet engagement lui vaut d'être une cible prioritaire dans le viseur des services secrets israéliens et de leurs alliés. Le matin du 28 juin 1973, quittant la librairie palestinienne pour prendre sa voiture garée rue Saint-Victor, Mohamed Boudia tombe en martyr dans l'explosion de son véhicule piégé.

Tiers-mondiste actif

Dès les premières années de l'indépendance de son pays, le militant nationaliste algérien Mohamed Boudia montra son soutien à tous les «opprimés» à travers le monde, abstraction faite de leur nationalité ou de leurs confessions. Pour dire qu'il n'a pas épousé la cause palestinienne, comme le prétendaient certains historiens malintentionnés, par «fanatisme» ou par «dogmatisme panarabiste».

Car, avant de rejoindre les résistants palestiniens activant en Europe, il avait tour à tour manifesté sa sympathie avec le groupe de résistance espagnol Sandova, en écrivant en 1964 une lettre de protestation à l'ambassadeur d'Espagne à Alger, alors qu'il était encore au TNA, et une autre, au cours de la même année, au ministre de la Justice espagnol pour réclamer la libération d'un poète condamné par la cour martial du régime fasciste de Franco.

Tiers-mondiste actif, Boudia visita beaucoup de pays engagés sur cette voie de la lutte contre l'impérialisme et pour l'avènement d'un ordre mondial plus juste. C'est d'ailleurs à Cuba, et non pas dans un quelconque pays arabe, que son engagement pour la cause palestinienne a commencé, suite à sa rencontre avec Wadie Haddad, le responsable de la branche militaire du Front populaire pour la libération de la Palestine (FPLP), mouvement de gauche fondé par George Habache.

Voulant mettre son expérience militante au service de la révolution palestinienne, il suivit une formation à l'université Patrick Lumumba à Moscou, pour perfectionner son savoir-faire lié aux techniques de la guérilla. Et c'est là qu'il fit la rencontre d'un certain Carlos dit le Chacal, de son vrai nom Ilich Ramírez Sanchez, militant internationaliste vénézuélien passionné qui va défrayer la chronique durant les années quatre-vingt et quatre-vingt-dix. Boudia n'a trouvé aucune difficulté pour le recruter, ainsi que d'autres « camarades» de différentes nationalités, pour la résistance palestinienne.

Au début des années soixante-dix, Mohamed Boudia regagne Paris, où il s'était réfugié après son exil volontaire suite au changement politique survenu en assaillants ont été tués, tandis que le dernier survivant a été capturé après avoir été blessé. Les résistants palestiniens avaient eu l'idée de recruter et d'utiliser des activistes japonais ou sud-américains pour tromper la vigilance des services israéliens à l'affût du moindre mouvement de militants palestiniens.

La liste des actions révolutionnaires auxquelles Mohamed Boudia a pris part est loin d'être exhaustive. De nouveaux témoignages vont certainement mettre au clair des épisodes non connus du parcours héroïque de cet homme prodige.

La première action qu'il accomplit était de coordonner avec les organisations anti-impérialistes actives, notamment les Brigades rouges italiennes, le groupe allemand Baader-Meinhof, l'Armée rouge japonaise, les résistant basques, l'Armée révolutionnaire arménienne, etc. Tous ces mouvements étaient classés comme organisations terroristes par les principaux pays occidentaux, et donc étroitement surveillés par les services de renseignements de ces pays.

Tous les rapports établis par les services français, britanniques, le CIA et le Mossad affirment que Mohamed Boudia était la tête pensante de toutes les aucune preuve contre lui. Les officiers de la DST française étaient particulièrement intrigués par son cas : dans la journée, il s'occupe très tranquillement de ses « répétitions » théâtrales avec les comédiens ; mais la nuit, il devient un autre !

Si officiellement aucune preuve n'a été établie sur son implication dans la prise d'otage organisée par le groupe nommé Septembre noir, lié à l'organisation nationaliste palestinienne du Fatah, lors des jeux Olympiques de Munich de 1972, de nombreux témoignages d'activistes palestiniens attestent aujourd'hui que Mohamed Boudia a coopéré étroitement avec les éléments du commando, en assurant notamment leur hébergement avant l'opération et en organisant, plus tard, leur fuite. Boudia était notamment l'ami de Hassan Salameh, chef de Force 17, chargé de la sécurité de Yasser Arafat, et à qui il rendait souvent visite quand il se trouvait à Beyrouth.

A la suite de la prise d'otage de Munich, qui coûta la vie à onze athlètes israéliens, le gouvernement israélien répliqua par une série d'attentats aveugles contre des cibles palestiniennes ou pro-palestiniennes, en Jordanie et au Liban où était concentrée la population palestinienne réfugiée, et partout dans le monde. C'est ainsi que le Mossad fut chargé de mener des opérations contre des militants palestiniens en Europe, comme Mahmoud Al-Hamchari ou Bassil Al-Kabissi, tués à Paris en 1973.

Mohamed Boudia, tout en se sachant visé par cette vague de représailles israélienne, dénonça ces attentats et fit signer une motion qu'il publia dans le prestigieux journal parisien Le Monde. Le 28 juin de la même année, il fut tué dans l'explosion de sa Renault 16, devant l'un des immeubles de l'Université de Paris VI, 32, rue des Fossés Saint-Bernard (Paris 5e). L'attentat portait clairement la signature des services secrets israéliens, le Mossad, qui classait Mohamed Boudia comme «ennemi public numéro un».

Mais les autorités françaises n'ont jamais voulu aller loin dans leurs investigations pour dévoiler les auteurs et les commanditaires de cet attentat terroriste – un juge a été désigné pour poursuivre l'affaire –, quand elles n'étaient pas accusées de complicité active avec le Mossad dans l'élimination d'un militant qui dérangeait.

Le chef du célèbre commando palestinien, Mohamed Awda dit Abu Daoud, à sa libération en 1977, obtenue d'ailleurs grâce à une médiation algérienne, s'est rendu Algérie le 19 juin 1965. Il est désigné chef des opérations spéciales du FPLP en Europe, avec un pseudonyme palestinien : Abu-Dhiya.

En trois ans d'existence à la tête de la branche parisienne de l'organisation externe du FPLP, alors dirigée par son ami Wadie Haddad, de 1970 à 1973, date de sa mort, Mohamed Boudia a réussi à redéployer l'organisation à travers toute l'Europe, par le recrutement de nouveaux éléments de haute qualité (le Vénézuélien Carlos et d'autres militants internationalistes de différentes nationalités) et la planification d'une série d'attaques retentissantes qui ont ébranlé tous les soutiens d'Israël dans le Vieux Continent.

Boudia s'est notamment chargé de missions spéciales en Israël en 1971, en engageant trois militantes est-allemandes pour faire exploser des sites à Jérusalem (El-Qods), dont l'hôtel Holiday. Les attaques n'ont pas abouti, parce que les trois jeunes femmes ont été découvertes à l'aéroport.

Au cours de la même année, il planifia une autre attaque contre un château en Autriche qui hébergeait les juifs russes admis à rejoindre Israël, en compagnie de son amie Thérèse Lefèbvre, encore sans succès.

Il revient à la charge avec d'autres actions qui ont enfin abouti et obtenu les résultats escomptés et où, à chaque fois, il ne laisse aucune trace : la première sera menée contre un dépôt de carburant israélien au port de Rotterdam aux Pays-Bas.

La deuxième grande action préparée et dirigée par Mohamed Boudia surviendra le 5 août 1972. Elle visa un pipe-line reliant l'Italie à l'Autriche. L'opération se solde par la perte de 20 000 tonnes de pétrole, estimées à 2,5 milliards de dollars, et la destruction du pipe-line. Pour la première fois, l'industrie pétrolière d'un pays européen était menacée par des activistes arabes qui paraissaient bien incontrôlables. L'argument, très politique, avancé alors par les auteurs et les commanditaires mêmes de cette action est que ce pétrole était produit par les Arabes pour servir leurs ennemis, par l'intermédiaires du marché européen.

Si sa participation à la prise d'otage des athlètes israéliens, lors des jeux Olympique de Munich, en 1972, n'a jamais été établie dans les rapports des différents services secrets ayant mené des investigations sur cette affaire, un diplomate palestinien issu du mouvement Fatah, qui a revendiqué la prise d'otage, nommé Omar Kadiri, la confirme aujourd'hui, en précisant que Mohamed Boudia a été chargé d'assurer le refuge, avant et après l'opération, aux éléments du groupe au nombre de neuf.

Suite à la vague d'assassinats décidée par le gouvernement israélien de Golda Meir, qui a ciblé plusieurs cadres actifs du FPLP et des personnalités pro-palestiniennes d'envergure, en réponse à cette prise d'otage, Mohamed Boudia voulait se venger. Il se déplaça, début 1973, à Madrid, pour abattre, personnellement, l'officier du Mossad en Europe Moshe Harran Ishai, alias Baruch Cohen.

Cela s'est passé le 26 janvier 1973 devant un café de la Gran Via dans la capitale espagnole. L'agent israélien avait été repéré à Paris, lors de l'assassinat, le 8 décembre 1972, du représentant de l'OLP et ami de Boudia, Mahmoud Hamshari. Cette action sera revendiquée par les résistants palestiniens et imputée, par la presse européenne, au groupe de Septembre noir qui avait organisé la prise d'otages de Munich.

D'autres attentats de moindre envergure ont été menés sur le territoire français même, sous la direction de Mohamed Boudia durant la même année : explosion d'une bombe dans les bureaux de l'Agence juive, une association sioniste active.

Le 11 janvier de la même année, un commando pro-palestinien composé d'éléments recrutés et encadrés par Mohamed Boudia, ouvre le feu à l'intérieur d'un restaurant fréquenté par des touristes à Kaiserslautern en Allemagne fédéral. L'un de ces touristes est tué et plusieurs autres sont blessés.

Au Proche-Orient, Mohamed Boudia a pris part à la planification et à l'exécution de plusieurs attentats contre des cibles israéliennes, revendiqués par son compagnon Wadie Haddad, chef des opérations externes du FPLP jusqu'à sa mort en 1978. Parmi ces actions ayant défrayé la chronique, on cite souvent l'attaque de l'aéroport de Lod de Tel-Aviv, menée le 30 mai 1972, exécutée par trois membres de l'Armée rouge japonaise, au nom du Front populaire de libération de la Palestine (FPLP).

L'attentat a tué 26 personnes et blessé 80 autres. Deux des devant la tombe de son camarade et frère de lutte Mohamed Boudia au cimetière El-Kettar à Alger. Son fidèle ami, Carlos, a, quant à lui, choisi pour le double attentat qu'il avait préparé en 1975 contre de avions de la campagne israélienne à l'aéroport d'Orly, le nom d'«opération Mohamed Boudia

Atef Bseiso

En 1992, un haut responsable palestinien, Atef Bsesio, avait été tué en France dans des conditions qui rappellent la récente affaire de Dubaï. C'est une affaire peu connue, dans laquelle l'implication des services secrets israéliens ne fait guère de doutes aux yeux de l'ancien juge Bruguière. Un crime presque parfait, dont les conséquences politiques ont été très importantes...

Le 28 juin 1992, Atef Bseiso, est assassiné devant son hôtel du quartier de Montparnasse, à Paris, alors qu'il sort d'une voiture. Les deux jeunes tueurs, en jogging et baskets, ont tiré à plusieurs reprises et achevé la victime d'une balle dans la tête. Un travail de professionnel. Atef Bseiso occupait un poste clé dans l'organisation de Yasser Arafat. Il était chargé du contact avec les services de renseignement étrangers. C'est d'ailleurs à ce titre qu'il venait de rencontrer des responsables de la DST, le service de contre-espionnage français.

Son assassinat a eu des répercussions inattendues puisqu'il a permis d'identifier un "taupe" recrutée par le Mossad au sein de l'Organisation de libération de la Palestine (OLP) à Tunis, dans l'entourage d'Arafat. C'est cet agent double, Yassine Adnan, qui avait informé les services israéliens de la présence de Bseiso à Paris. Par la suite, on apprendra même qu'il avait aidé à truffer de micros le fauteuil du principal responsable de l'OLP lors des négociations d'Oslo avec les Israéliens. Ces écoutes avaient permis au Mossad de connaître dans le détail les positions du Fatah lors de ces pourparlers.

L'enquête menée en France par le juge Bruguière, la brigade criminelle et la DST a également mis à jour le système de transmission secret utilisé par le Mossad pour communiquer à l'étranger. En l'occurrence, il s'agissait d'un réseau, très sophistiqué pour l'époque, de "boites vocales" utilisé par les agents pour entrer en contact avec leurs "traitants". Une découverte qui a conduit le Mossad, par précaution, à détruire tout son système.

Cet épisode de la guerre sécrète des services, révélé par le juge antiterroriste dans ses mémoires, a été une façon, pour les Français, de rendre la monnaie de leur pièce aux israéliens. La France n'avait en effet pas beaucoup apprécié, comme Dubaï aujourd'hui, que l'on vienne régler des comptes sur son territoire. Il n'y a pas eu de suite judiciaire "officielle" à l'affaire de Montparnasse, car Yasser Arafat a refusé de faire entendre Yassine Adnan par la justice française, qui le réclamait. Ensuite, l'homme a mystérieusement disparu

La liste des assassinats

Wael Adel Zuaiter, assassiné à Rome le 17 octobre 1972.
Hussein Ali Abu al-Khmer, assassiné à Chypre le 6 avril 1973.
Bassel Rauf al-Kais, assassiné à **Paris** le 6 avril 1973.
Mahmoud Abu Daieh, assassiné à **Paris** le 28 juin 1973.
Mahmoud Walad Saleh, assassiné à **Paris** le 2 février 1977.
Said Hamami, assassiné à Londres le 2 février 1978.
Ezz al-Din al-Kalak, assassiné à **Paris** le 3 août 1978.
Ibrahim Abed al-Aziz, assassiné à **Paris** le 15 décembre 1979.
Samir Tokan, assassiné à Chypre le 15 décembre 1979.
Zuheir Mohsen, assassiné en **France** le 26 juillet 1979.
Josef Mubarak, assassiné à **Paris** le 18 février 1980.
Majed Abu Sharar, assassiné à Rome le 9 octobre 1981.
Naim Khader, assassiné à Bruxelles le 7 décembre 1981.
Mohammad Taha, assassiné en Allemagne en 1982.
Kmal Hasan abu Dalo et Nazeh Matar, assassinés à Rome le 26 juin 1982.
Fadel Sad Anani, assassiné à **Paris** le 23 juillet 1982.
Ma'amon Imresh al-Sghaier, assassiné à Athènes le 20 août 1983.
Jamel Abed al-Khader Abu al-Rob, assassiné à Athènes le 22 décembre 1983.
Hnna Meqbel, assassiné à Nicosie le 13 mai 1984.
Khaled Ahmad Nazzal, assassiné à Rome le 9 juin 1986.
Monther Jode abu Ghazale, assassiné à Athènes le 21 octobre 1986.
Mohammad Hasan Behias, **Mohammad Basem Hamdi** et **Marwan al-Kayali**, assassinés à Limassol (Chypre) le 14 février 1988.

Imad Mougniyeh

L'assassinat du commandant militaire du Hezbollah Imad Moughniyeh en 2008 en Syrie est le travail conjoint du Mossad israélien et de la CIA. Le 12 février 2008, Imad Moughnieh, chef des opérations internationales du Hezbollah, marchait dans une rue calme la nuit dans la capitale syrienne Damas après un dîner dans un restaurant voisin. Non loin de là, une équipe de la CIA présente sur place suivait ses mouvements.

Quand Moughnieh s'est approché de son véhicule tout terrain stationné, une bombe placée dans un pneu de secours à l'arrière du véhicule a explosé, faisant un éclat d'obus dans un rayon limité. Il a été tué sur le coup. Le dispositif a été guidé à distance depuis Tel Aviv par des agents du Mossad, le service de renseignement israélien, qui était en communication avec ses agents sur le terrain à Damas.

Les Etats-Unis ont aidé à construire la bombe, a déclaré un ancien responsable du renseignement américain interviewé, précisant que celle-ci a été testée à plusieurs reprises dans un établissement de la CIA en Caroline du Nord pour s'assurer que l'explosion n'entrainera pas de dommages collatéraux.

"Nous avons probablement fait sauter 25 bombes pour nous assurer que nous procédons de la bonne manière", a affirmé cet ancien fonctionnaire. La coopération extrêmement étroite entre les Etats-Unis et les services de renseignement israéliens suggère l'importance de la cible. Il s'agit d'un homme impliqué dans certains des attentats les plus spectaculaires du Hezbollah, y compris ceux contre l'ambassade américaine à Beyrouth et contre l'ambassade d'Israël en Argentine.

Les Etats-Unis n'ont jamais reconnu leur participation à l'assassinat de Moughnieh, au moment où le Hezbollah accuse Israël. Jusqu'à présent, il y a eu peu de détails sur l'opération conjointe menée par la CIA et le Mossad pour le tuer. On ignore comment l'attentat à la voiture a été prévu ou le rôle exact des Etats-Unis.

Moughnieh a été assassiné dans un pays avec lequel les Etats-Unis n'étaient pas en guerre. En outre, il a été tué dans un attentat à la voiture, une technique que certains juristes considèrent comme une violation des lois internationales qui proscrivent «un meurtre par la perfidie» - en utilisant des moyens perfides pour tuer ou blesser un ennemi.

"*C'est une méthode de meurtre utilisée par les terroristes et les bandits* ", a déclaré Mary Ellen O'Connell, professeur de droit international à l'Université de Notre Dame.

La décision de tuer ce haut dirigeant du Hezbollah nécessitait un feu vert présidentiel de la part du président US à l'époque George W. Bush. Le procureur général, le directeur du renseignement national, le conseiller à la sécurité nationale et le Bureau du conseiller juridique au ministère de la Justice ont tous signé sur cette opération, assure un ancien responsable du renseignement.

Samir Kuntar

Un jour après la mort du Samir Kuntar (*Decembre 2015*), tué par des frappes aériennes dans la banlieue de Damas, la presse libanaise affirmait que des débris d'ogives de bombes intelligentes, ayant "*des caractéristiques de l'armée israélienne*", ont été retrouvés dans les décombres du bâtiment visé.

Le journal libanais As-Safir indique par ailleurs que l'armée de l'air israélienne aurait tiré sur la maison où se trouvait Kuntar, depuis le lac de Tibériade, en territoire israélien, soit à 90 km de la cible présumée. Les radars russes auraient repéré deux avions F-15 au moment de la frappe mais qui n'auraient pas franchi la frontière.

Le chef du Hezbollah Hassan Nasrallah n'estimait pas beaucoup Kuntar, mais il a fait en sorte de lui rendre hommage publiquement à sa libération pour humilier Israël qui avait choisi de le libérer. Le Hezbollah a confié à Kuntar la force anti-israélienne dans le Golan, en raison de son affiliation avec les Druzes, qui sont la population majoritaire sur les pentes du sud du mont Hermon.

"*L'ennemi israélien va regretter l'assassinat de Samir Kuntar*", a déclaré le chef des relations extérieures du Hezbollah, Omar al-Moussaoui, lors de l'enterrement de Kuntar. Ces dernières années, Kuntar a lancé cinq attaques le long de la frontière avec Israël et lancé plusieurs roquettes sur des villages se trouvant sur le versant israélien du Golan. La plupart d'entre elles étaient des représailles aux bombardements des convois d'armes ou aux éliminations de terroristes attribués à Israël. Deux soldats israéliens et un adolescent arabe israélien ont perdus la vie au cours de ces attaques transfrontalières.

Passé sanguinaire

En 1979, alors que Kuntar n'avait que 16 ans, il s'est infiltré en Israël sur un bateau en caoutchouc du Liban avec trois autres membres du "Front de libération de la Palestine".

Les quatre sont arrivés à Nahariya, ont abattu le policier Elyahou Shkhar et ont fait irruption dans l'appartement de la famille Haran. Là, ils ont pris en otage le père, Danny Haran et sa fille de quatre ans Einat, pendant que la mère Smadar se cachait dans un placard avec leur autre fille de deux ans, Yael.

Kuntar finit par abattre Danny Haran d'une balle dans le dos, sous les yeux d'Einat, avant tuer cruellement la petite Einat, en lui fracassant le crâne avec la cross de sa Kalachnikov. La petite Yaël a été malheureusement asphyxiée, alors que sa mère l'avat bâillonné en essayant de la faire arrêter de pleurer, pour que leur cachette ne soit pas découverte. Un autre policier israélien, ainsi que deux des membres de la cellule de Kuntar, avaient été tués dans la fusillade qui suivit

Mais ce qui le distingue vraiment des autres terroristes, c'est que près de 30 ans dans une prison israélienne n'ont pas éteint la haine brûlante que ce Druze libanais porte à Israël. Il a mené sa dernière attaque, en 2015, à la demande du Hezbollah dans le cadre d'un plan soutenu par l'Iran qui visait à ouvrir un nouveau front contre Israël sur le versant syrien du plateau du Golan.

Les Iraniens

Ardeshir Hassanpour

La série d'assassinats ciblés pourrait bien avoir commencé en 2007, lorsque le cadavre d'Ardeshir Hassanpour, un scientifique travaillant à la centrale d'Ispahan, est retrouvé. Sa mort est mise sur le compte du Mossad. Le régime iranien nie, dans un premier temps, toute implication du chercheur dans le programme nucléaire et affirme qu'il a trouvé la mort dans un accident. Six jours après, se souvient Arashe Djannati-Ataï, astrophysicien franco-iranien et chercheur au CNRS, le régime revient sur sa version et reconnaît qu'il a été victime d'un *"empoisonnement au gaz"*.

Général Ali-Reza Asgari

Le mystère reste entier sur le sort du général Ali-Reza Asgari, ancien vice-ministre de la defense iranien, dont la trace a été perdue en février 2007 en Turquie. L'homme détenait, selon toute vraisemblance, des informations précieuses sur le programme nucléaire ainsi que sur le destin du pilote israélien, Ron Arad, disparu en mission au Liban en 1986. Deux thèses s'affrontent. Des médias israéliens et occidentaux affirment avoir de sérieuses raisons de supposer que le général a été enlevé par le Mossad ou la CIA. Une piste accréditée par les autorités iraniennes. Mais les medias évoquent aussi une possible défection aux Etats-Unis de M. Asgari, évincé du gouvernement à l'arrivée au pouvoir du président Ahmadinejad en 2005. En décembre 2010, Téhéran annonce que le général Asgari est mort dans une prison israélienne, sans que l'information ne soit confirmée.

Shahram Amiri

Shahram Amiri affirme avoir été enlevé en juin 2009 pendant un pèlerinage en Arabie Saoudite, puis transféré aux Etats-Unis. Il dit qu'on lui a promis 50 millions de dollars s'il restait aux Etats-Unis et *"racontait des mensonges"* sur le programme nucléaire. Avant son enlèvement, M. Amiri, physicien nucléaire, avait travaillé à l'université Malek Ashtar, établissement contrôlé par les Gardiens de la révolution. Dans un premier temps, Téhéran refuse de reconnaitre sa participation au programme nucléaire et dénonce son *"enlèvement"*. Depuis les Etats-Unis, M. Amiri réalise deux videos, l'une dans laquelle il affirme avoir été kidnappé par la CIA et l'autre dans laquelle il nie tout enlèvement. M. Amiri est finalement retourné à Téhéran en juillet 2010. Washington a toujours démenti l'avoir kidnappé et a affirmé qu'il était venu de son plein gré.

Massoud Ali-Mohammadi

Le scientifique Massoud Ali-Mohammadi est assassiné à Téhéran, le 12 janvier 2010, par une bombe actionnée à distance. De nombreuses rumeurs ont entouré sa mort. Dans un premier temps, les autorités iraniennes affirment qu'il ne travaillait pas pour l'Organisation iranienne de l'énergie atomique (OIEA). Des sources occidentales assurent, pour leur part, qu'il travaillait en étroite collaboration avec Mohsen Fakhrizadeh-Mahabadi et Fereydoun Abbassi-Davani, tous deux visés par des sanctions des Nations unies pour leurs travaux présumés sur la mise au point d'armes nucléaires. Finalement, le régime iranien reconnaît son implication dans le programme nucléaire et met sa mort sur le compte d'Israel et des Etats-Unis.

La communauté scientifique a toutefois *"réagi de façon épidermique à cette annonce"*. Ses collègues ont assuré qu'il était spécialisé dans la physique des particules, et non dans l'énergie nucléaire, et menait des travaux purement théoriques. M. Ali-Mohammadi se serait en effet rapproché des réformateurs, apportant son soutien à l'opposant Mir Hossein Moussavi pendant la "révolution verte".

Majid Shahriari et Fereydoun Abbasi-Davani

En novembre 2010, un double attentat à la voiture piégée tue un scientifique iranien travaillant sur le nucléaire et en blesse un autre. L'attaque est imputée par la République islamique à Israël et à son allié américain. Majid Shahriari, un professeur de physique nucléaire à l'université Shahid Beheshti, est tué dans cette explosion. Aku Akbar Salehi, le responsable de l'OIEA, admet à l' époque que M. Shahriari s'occupait de l'un des plus importants projets nucléaires, sans détailler lequel.

Dans le second attentat, Fereydoun Abbasi-Davani et sa femme sont seulement blessés, ayant réussi à sauter du véhicule au moment où la charge est actionnée. Responsable du département de physique à l'université Imam Hossein et spécialiste de la technologie des lasers au ministère de la défense, M. Abbasi-Davani était personnellement visé par les sanctions de l'ONU. En février 2011, le président Ahmadinejad le nomme vice-président et responsable de l'OIEA

Darioush Rezai

Le 23 juillet 2011, le physicien Darioush Rezai, 35 ans, est tué par balles. La mort du scientifique a donné lieu à des déclarations confuses: les médias iraniens le présentent comme un spécialiste de physique nucléaire travaillant pour l'OIEA et pour le ministère de la défense. Ce qui est immédiatement démenti par les autorités iraniennes qui le décrivent comme un simple étudiant en maîtrise d'électricité. Selon un responsable de l'AIEA, le physicien travaillait sur un détonateur nucléaire. Les autorités iraniennes ont alors condamné l'assassinat, l'imputant une nouvelle fois *"aux Américains et au régime sioniste"*. Selon le magazine Spiegen, qui cite une source proche des renseignements israéliens, cette action aurait été la première opération dirigée par le nouveau chef du Mossad, Tamir Pardo.

Hassan Moghaddam

Le 12 novembre 2011, quelques jours après la sortie du rapport de l'AIEA, une violente explosion fait dix-sept morts sur la base militaire Modarres des Gardiens de la révolution à Bidganeh, au sud-ouest de Téhéran. Parmi les victimes se trouve le général de division Hassan Moghaddam, à l'origine du programme iranien de missiles balistiques. Les autorités iraniennes ont réfuté la thèse d'un sabotage par des agents étrangers.

Selon elles, il s'agirait d'un accident survenu lors de la manipulation de munitions dans un dépôt. Pour Mohammad-Reza Djalili, la thèse est *"étrange"* et le refus du gouvernement à communiquer sur l'événement, comme à son habitude, sème le doute. Nombreux sont ceux qui pensent que ça a décapité et ralenti le programme des missiles iraniens. Ce qui paraît gros pour avoir été un incident. Mais il était impossible pour les autorités iraniennes d'avouer que des agents étrangers aient réussi à toucher ce site car c'est un des cœurs des Gardiens de la révolution.

Mostapha Ahmadi Roshan

Mercredi 11 janvier 2012, Mostapha Ahmadi Roshan, 32 ans, est tué par l'explosion d'une bombe magnétique placée sur sa voiture près de l'université Allameh Tabatabaï, dans l'est de Téhéran. *"L'ingénieur Ahmadi Roshan, qui a obtenu il y a neuf ans une licence en chimie à l'université Sharif, était le vice-directeur pour les affaires commerciales du site de Natanz"*, précise l'agence de presse iranienne Mehr. Principal site d'enrichissement de l'Iran, Natanz compte plus de 8 000 centrifugeuses. Selon l'agence Fars, citant un de ses collègues, Ahmadi Roshan travaillait sur un projet de membranes polymères utilisées pour la séparation de gaz. Les autorités iraniennes accusent les Etats-Unis et Israël d'etre derrière cet *"assassinat"* et ont appelé à des représailles contre des militaires israéliens.

Pour les autorités iraniennes, il ne fait aucun doute que les Israéliens et les Américains sont les instigateurs de cette guerre de l'ombre visant à entraver leur programme nucléaire. La planification et la sophistication de ces opérations ont amené de nombreux experts à accréditer la thèse de l'implication du Mossad, qui dispose du savoir-faire et des capacités pour mener de telles frappes "chirurgicales". En outre, *"des Israéliens pourraient vouloir frapper plus fort en voyant que les sanctions ne fonctionnent pas sur le régime iranien"*, estime Thierry Coville, spécialiste de l'Iran au sein de l'Institut de relations internationales et stratégiques. L'annonce de la production d'uranium enrichi par Téhéran dans son nouveau site de Fordo pourrait avoir motivé la nouvelle opération du 11 janvier.

La carte Kurde

L' excellent journaliste George Malbruno, sur son blog (Figaro) ecrit: *"Anticipant un retrait militaire américain d'Irak, le Mossad israélien a renforcé sa présence ces derniers mois dans les provinces kurdes du nord du pays, limitrophes de l'Iran, nous a affirmé une source française bien informée au Moyen-Orient.*

En Irak, les services de renseignements français ont été mis au courant de ce renforcement de la présence des agents israéliens auprès des Kurdes. Difficile de dire si Mostapha Ahmadi Roshan, cet ingénieur nucléaire iranien tué dans l'explosion d'une bombe près d'une université à l'est de Téhéran, l'a été grâce à des informations fournies par un de ces agents kurdes pro israéliens infiltrés en Iran.

Mais le modus operandi de l'attentat en rappelle d'autres, jamais revendiqués bien sûr par Israël, mais qui, pour les spécialistes, portent la marque du Mossad. Ce faisant, l'Etat hébreu reste fidèle à une tradition qui consiste à éliminer ses ennemis, avant qu'ils ne portent atteinte à sa sécurité.

Les responsables iraniens n'ont d'ailleurs pas tardé à pointer Israël. L'Etat hébreu est «responsable de cet attentat, la méthode ressemble à celle utilisée dans les (autres) attentats contre les scientifiques iraniens», vient ainsi de déclarer un dignitaire à Téhéran.

Ahmadi Roshan a été tué lors de l'explosion d'une bombe magnétique placée sur une voiture à bord de laquelle il se trouvait en compagnie de deux autres passagers, alors que le véhicule voiture circulait près de l'université Allameh Tabatabaï. Un motard aurait collé l'engin explosif à la Peugeot 405 de M. Roshan. Ce dernier travaillait sur le site d'enrichissement de Natanz à un projet de membranes polymères utilisées pour la séparation de gaz. Natanz est le principal site d'enrichissement d'uranium en Iran.

La collaboration entre le Mossad et les services de renseignements kurdes d'Irak n'est pas nouvelle. Elle était assez forte sous le Shah, avant de connaître un ralentissement à l'avènement de la République islamique d'Iran en 1979. Mais profitant de l'invasion américaine de l'Irak en 2003, les espions israéliens ont de nouveau infiltré les régions kurdes du nord de l'Irak, avec l'aval des autorités locales, en particulier de Massoud Barzani, le chef de la région kurde autonome.

Sur place, les agents du Mossad ou d'anciens militaires israéliens entraînent discrètement les forces de sécurité kurdes. Mais ces dernières années, avec une menace nucléaire iranienne de plus en plus pressante, l'Etat hébreu s'est surtout servi du Kurdistan comme d'une base à partir de laquelle ses agents pouvaient recruter des opposants kurdes iraniens réfugiés dans le secteur, avant de les envoyer en mission de l'autre côté de la frontière en Iran".

Vevak

Présentation

Selon un raport du Centre pour la Researche sur le Renseignement, le ministère du Renseignement et de la Sécurité - (*Vevak Vezarat-e Ettelaat va Amniyat Keshvar*) en farsi - de la République islamique d'Iran a été créé le 18 août 1984. Le VEVAK est le successeur de la SAVAK, service spécial particulièrement redoutable qui sévissait du temps du Shah. Bien que nombre d'officiers de renseignement aient été exécutés après la révolution, le nouveau pouvoir a eu l'intelligence d'en retourner un certain nombre qui ont apporté leurs compétences professionnelles à ce service naissant.

Le plus connu des «retournés» est l'ex-numéro deux de la SAVAK, le général Hossein Fardoust. Il a été affecté comme conseiller auprès du bureau de renseignement du Premier ministre de l'époque, Medhi Bazargan. C'est cet organisme qui a créé le VEVAK. Cependant, après avoir rempli sa mission, Fardoust a été arrêté et est mort en 1987 en prison.

Missions

Le VEVAK opère à l'intérieur du pays comme à l'étranger. Sa mission première consiste à traquer les opposants au régime, en particulier les membres de l'Organisation des moudjahidines du peuple (OMPI). En effet, cette organisation est considérée par Téhéran comme la plus importante et surtout, la plus menaçante pour le pouvoir. Toutefois, tous les dissidents, royalistes, kurdes, arabes, baloutches, etc. constituent aussi des cibles de choix pour le VEVAK.

Avec le temps, d'autres missions sont venues se greffer aux objectifs initiaux. La première a consisté à approvisionner l'Iran en matériels soumis à embargo, au premier rang desquels se trouvent les armements, les pièces de rechange militaires et tout ce qui est nécessaire au développement d'un programme nucléaire militaire.

Ensuite, il a fallu tenter de parer les opérations des services spéciaux adverses qui sabotent l'effort nucléaire en assassinant des scientifiques, en introduisant des virus (Stuxnet) dans les systèmes informatique, en livrant des pièces mécaniques défectueuses en utilisant des intermédiaires véreux, etc. Cette mission relève du contre-espionnage dans ce qu'il a de plus classique. Cela implique aussi une sensibilisation et une assistance aux autres organisations gouvernementales dans le domaine de la sécurité.

Le VEVAK s'est aussi vu confier la tâche de préparer les représailles au cas où les Etats-Unis ou Israël (ou les deux Etats ensemble) mèneraient une frappe sur les installations nucléaires iraniennes.

Enfin, ce qui est le cœur du métier des services spéciaux, le VEVAK centralise tous les renseignements recueillis à l'étranger, que cela soit par ses propres sources ou par les autres ministères iraniens. A savoir que tout fonctionnaire iranien est un officier de renseignement potentiel qui est tenu de rechercher des informations. Il doit ensuite en rendre compte au VEVAK. De plus, tout citoyen qui remarque quelque chose d'anormal ou intéressant la sécurité nationale doit appeler le numéro de téléphone «133».

Organization

Le VEVAK est placé sous l'autorité du Conseil suprême de la Sécurité nationale (CSSN). En fait, il répond de ses actes directement auprès du Guide suprême de la révolution, l'ayatollah Ali Khamenei. Il a son quartier général à Téhéran, dans les anciens locaux de la Savak.

Son chef est obligatoirement un religieux qui doit détenir un degré dans l'*ijithad*, c'est-à-dire la capacité à interpréter le Coran et les paroles du Prophète et de ses imams. Il ne doit pas être membre d'un parti politique et doit avoir une réputation d'intégrité personnelle sans tâche.

Un des patrons les plus célèbre de la centrale de renseignement est l'hodjaloteslam Ali Fallahian, qui occupa cette fonction de 1989 à 1997. Avec d'autres dignitaires du régime - dont l'ayatollah Hachemi Rafsandjani (decedè en 2017), Mohsen Rezaï et deux ses successeurs, Dorri-Najafabadi et Ali Younessi -, il est sous le coup d'un mandat d'arrêt international pour l'assassinat de quatre dissidents kurdes à Berlin en septembre 1992 (affaire du restaurant *Mykonos*). Il est aussi directement impliqué dans des attentats contre des institutions israelites en Argentine (1992 et 1994) et dans celui de Chapour Bakhtiar, en région parisienne, en 1991.

Personnels

Le VEVAK comprend 30 000 personnels, tous civils, à la différence de la défunte Savak. Plusieurs milliers d'entre eux résident à l'étranger (entre 2 000 et 8 000 selon les estimations). Les membres du VEVAK sont connus sous l'appellation des «Soldats inconnus de l'imam Zaman», le cinquième imam dans l'ordre de succession des chefs islamiques chiites. En effet, c'est comme cela que les avait appelé l'ayatollah Khomeiny.

Le recrutement se fait de deux manières différentes. Une première filière existe au sein de l'université Imam Mohammad Bagher d'Ispahan qui dépend du VEVAK. Les étudiants âgés entre 22 et 27 ans passent un concours d'entrée. La deuxième voie est la cooptation, ce qui facilite certains «regroupements familiaux». Les candidats issus des deux voies sont convoqués pour subir des tests physiques dans leur province de résidence. Ces épreuves sont moins sélectives que celles destinées aux postulants aux forces spéciales de l'armée ou des pasdaran.

Ceux qui ont satisfait à ces épreuves rejoignent Hamadan pour y être soumis à des tests psychologiques et à une enquête de sécurité très pointue. Le passé, les membres de la famille et les relations du candidat sont examinés à la loupe. Quelque soit la qualité de l'impétrant, tout doute dans les domaines psychologique et de la sécurité est éliminatoire. Ceux qui ont franchi cette épreuve sont ensuite évalués dans les domaines culturel, économique, social, politique et religieux.

Tous ces tests peuvent s'étaler sur une durée de 9 mois à 2 ans ! Les heureux élus intègrent alors l'«école d'espionnage» de l'université Imam Mohammad Bagher pour y suivre une formation spécifique. A leur sortie, les nouveaux promus intègrent le VEVAK et une identité fictive qui leur est alors attribuée. Ils rejoignent leur première affectation, généralement un bureau provincial. Ce n'est qu'une fois qu'ils auront acquis une solide expérience qu'ils pourront prétendre à servir à l'étranger pour des missions de courte ou de longue durée.

Durant leur carrière, les membres du VEVAK sont étroitement contrôlés et encourent les pires sanctions en cas de manquements à la sécurité. Par le passé, le ministère a connu des purges sanglantes, concernant même les responsables les plus importants, à l'exemple du vice-ministre des renseignements Saïd Emami qui a été incarcéré puis qui s'est « suicidé» en prison. Généralement, les fonctionnaires du VEVAK ne sont pas des islamistes purs et durs mais plutôt des nationalistes. C'est pour cette raison qu'ils sont surveillés de près par les pasdaran qui s'assurent de leur loyauté.

En ce qui concerne les citoyens iraniens résidant à l'étranger, le VEVAK utilise tout simplement la menace pour les faire collaborer: «*travaillez pour nous ou votre famille restée en Iran pourrait avoir de sérieux problèmes*». Si une certaine réticence est rencontrée, le VEVAK n'hésite pas à faire incarcérer des membres de la famille de la cible sous des prétextes parfois passibles de la peine de mort. Cette méthode musclée interdit aussi toute défection à moins que le sujet ne quitte le pays avec les membres de sa famille auxquels il tient !

A l'étranger

Les officiers de renseignement «officiels» servent à l'étranger sous couverture diplomatique. Le VEVAK agit en étroite coopération avec le ministère des Affaires étrangères. Certains ambassadeurs iraniens font d'ailleurs partie du VEVAK.

Pour leur part, les officiers «clandestins» sont souvent des personnels d'Iran Air, de l'agence de presse IRNA, de la radiotélévision IRIB, d'associations culturelles ou caritatives (*la Fondation des martyrs, la Fondation des opprimés et des dépossédés, l'Organisation pour la culture et les relations islamiques, etc.*), des étudiants, des hommes d'affaires, des commerçants, des employés de banques, des médecins, des infirmières, etc.

Même le Croissant Rouge iranien sert à l'occasion de couverture. Les banques iraniennes - dont la plus importante est la banque Melli - servent à fournir les fonds nécessaires à la vie des réseaux constitués par les officiers traitants du VEVAK. Etant donné le grand nombre d'officiers traitants résidant à l'étranger, il est évident que toutes les grandes capitales accueillent plusieurs d'entre eux.

Un des plus importants postes du VEVAK à l'étranger se trouve situé à Amman, en Jordanie. En dehors du fait que la capitale jordanienne est géographiquement intéressante car elle permet de couvrir le Proche☐Orient, des liens étroits unissent le VEVAK avec les services de renseignements militaires jordaniens (*Dairat al-Mukhabarat al-Ammah*).

Beyrouth occupe également une place particulière car le Hezbollah libanais est en fait un «bras armé» des services iraniens. En effet, la diaspora libanaise est omniprésente sur l'ensemble du globe. Elle constitue un «vivier» dans lequel le Hezbollah vient recruter ses agents pour le compte de Téhéran. Globalement, les citoyens libanais attirent moins l'attention des services de sécurité que leurs homologues iraniens.

Etant donné l'intérêt stratégique de la zone, des postes sont également présents au sein des représentations diplomatiques iraniennes présentes en Arabie saoudite et dans les Emirats arabes unis (EAU), particulièrement à Dubaï et au Barhein, où la majorité chiite intéresse au plus haut point Téhéran. Cette zone sert également à faire transiter discrètement des fonds en provenance d'Iran vers le Hezbollah libanais.

En Europe, des postes importants sont localisés à Paris, Bruxelles, Berlin, Londres, Vienne, Milan, Genève, Stockholm, Nicosie, Ankara et Istanbul. Une importante structure aurait été montée récemment à Sofia, en Bulgarie. De nouvelles associations s'occupant de réfugiés iraniens voient actuellement le jour. De forts soupçons laissent penser que ces organismes sont en fait de nouvelles implantations des services secrets iraniens.

Par ailleurs, Téhéran s'appuie sur le réseau d'amitiés qu'il a développé avec certains dirigeants latino-américains qui souhaitent «*promouvoir la pensée révolutionnaire dans le monde*», au premier rang desquels le ex-président vénézuélien Hugo Chavez. L'Iran profite également de sa zone d'implantation traditionnelle dans la région «des trois frontières» située entre le Brésil, le Paraguay et l'Argentine où la population d'origine libanaise est en nombre.

En outre, la Bolivie - dirigée par le président Evo Morales, l'Equateur □ présidé par Rafael Corea □ et le Nicaragua - où l'ancien chef sandiniste Daniel Ortega est revenu au pouvoir - sont des pays qui montrent une grande bienveillance à l'égard de l'Iran. Il faut dire que ces nouveaux dirigeants sont animés d'un sentiment anti-américain très marqué. Pour la même raison, Cuba constitue un point d'appui naturel pour Téhéran.

L'Iran n'a pas de représentation diplomatique aux Etats □Unis suite à la prise d'otages de personnels américains qui a eu lieu à Téhéran après la révolution (1979). Jusqu'à fin 2012, l'Iran avait une ambassade à Ottawa au Canada. Celle-ci a été fermée en raison du soutien apporté par Téhéran au régime du président Bachar el-□Assad, attitude jugée inadmissible par le gouvernement canadien. En Amérique du Nord, il ne reste donc à l'Iran comme point d'appui que sa mission permanente auprès des Nations Unies à New York.

Mouvements hostiles

Des agents manipulés par la VEVAK sont parvenus à infiltrer les divers mouvements d'opposition iraniens installés à l'étranger, en particulier l'OMPI. Il est intéressant de remarquer que ce mouvement qui obtenait d'excellentes informations par le passé, en particulier sur l'effort nucléaire iranien, semble avoir perdu une grande partie de ses capacités de recueil d'informations sensibles.

Il est vrai que l'accroissement des opérations de contre-espionnage et de contre-ingérence du VEVAK semble avoir obtenu des résultats tangibles ces derniers temps. Il faut dire que face à la menace, les Iraniens ont créé une structure dédiée à ce type d'opération appelée *Oghab 2* (Aigle 2) qui regroupe des membres du VEVAK mais aussi d'autres administrations. 10 000 fonctionnaires commandés par les généraux Akbar Dianatfar et Ali Naghjdi seraient ainsi mobilisés à cette tâche. Les résultats commencent à se faire sentir.

En 2012, un réseau d'une trentaine de membres travaillant aux Emirats arabes unis, en Turquie et en Malaisie, vraisemblablement au profit de la CIA, aurait été mis à jour par le VEVAK. Sa mission consistait à préparer des sabotages contre l'industrie nucléaire. Un an plus tôt, ce sont 30 agents recrutés par Washington qui auraient été découverts en Iran même. Les Américains les avaient approché en utilisant un site web d'offre d'emplois créé pour l'occasion. Toujours dans le domaine du contre espionnage, depuis décembre 2011, Amir Hekmati, un citoyen irano-américain, ancien interprète de l'*US Marine Corps*, attend son exécution pour *«collaboration avec un gouvernement hostile»*.

Par contre, il est vérifié qu'Abdolmalek Rigi, le chef du Jundullah, un groupe d'opposition violent actif dans le sud-est de l'Iran, a été appréhendé d'une manière rocambolesque, le 23 février 2010. En effet, le vol QH454 qui l'emmenait de Dubaï au Kirghizstan a été intercepté par la chasse iranienne au dessus du Golfe persique, puis obligé d'atterrir en Iran où Rigi a été arrêté. L'information de sa présence à bord de l'appareil civil aurait été fournie à Téhéran par le Pakistan! Rigi a fini sa «carrière» au bout d'une corde, en juin 2010, dans la prison d'Evin, à Téhéran. Un mois auparavant, c'est son frère qui était également emprisonné et qui a connu le même sort, à Zahedan. Les deux hommes ont «avoué» travailler pour le compte de la CIA!

Les mouvements kurdes figurent également sur la liste des préoccupations du VEVAK. Si les Kurdes iraniens sont très surveillés, les membres du PKK (Turquie) tiennent une place à part et bénéficie de la bienveillance de l'Iran. Cette politique ambiguë de soutien discret permet à Téhéran de faire pression sur Ankara afin de limiter la coopération de la Turquie avec les Etats Unis. L'Union patriotique du Kurdistan (UPK) de Jalal Talabani est également infiltrée par le VEVAK depuis de très longues années. Il suffit, pour s'en convaincre, de constater avec quelle rapidité Talabani □ le ex-président irakien - est intervenu pour que les Américains libèrent des membres des services spéciaux iraniens faits prisonniers en Irak, fin 2006 et début 2007.

Aujourd'hui, le VEVAK joue un rôle de tout premier plan dans la guerre secrète qui oppose Téhéran aux Etat-Unis et à Israël, d'une part, et à l'Arabie saoudite et aux émirats du Golfe persique d'autre part. L'objectif des premiers adversaires est de contrer l'influence de l'Iran au Proche et Moyen-Orient et d'empêcher le régime d'obtenir l'arme nucléaire. Pour les seconds, il consiste à empêcher la création d'un «croissant chiite» qui irait du Liban à l'Iran, en passant par la Syrie, l'Iran, l'Irak avec des excroissances au Bahrein et au nord du Yémen.

Sunnites

En effet, à l'image des Frères musulmans, du *Jamaat-i-Islami* égyptien, du Hamas, du Djihad islamique et du Front populaire de libération de la Palestine–Commandement général (FPLP-CG), divers mouvements sunnites ce sont joints à la lutte engagée par Iran contre l'«impérialisme judéo--chrétien». En janvier 2007, le ministre des Affaires étrangères palestinien, Mahmoud al□Zahar, reconnaissait que Téhéran avait déjà fourni plus de 120 millions de dollars d'aide au gouvernement dirigé par le Hamas. Il a même ajouté que cette aide devrait se poursuivre dans l'avenir. C'était sans compter avec le soutien affiché du Hamas aux insurgés syriens.

Le Hamas a été contraint de quitter la Syrie en 2012 pour rejoindre le Qatar et la bande de Gaza. Les crédits lui ont été coupés, mais les monarchies du Golfe persique se sont aussitôt substituées à l'Iran pour soutenir ce mouvement contre Israel. Toutefois, faisant preuve de beaucoup de pragmatisme comme à son habitude, l'Iran a continué à envoyer des armements en direction de la bande de Gaza, souvent via le Soudan puis le Sinaï.

Irak

L'Irak constitue un terrain d'opérations privilégié pour le VEVAK. Les réseaux de renseignement iraniens en Irak datent du temps du Shah. Certains officiers traitants de la SAVAK ont même été rappelés à leur poste par le régime des mollahs, après leur prise du pouvoir en 1979, car les nouveaux gouvernants avaient confiance dans leur expertise.

Le parti baassiste de Saddam Hussein (aujourd'hui disparu à la plus grande satisfaction de Téhéran) était également infiltré par des agents iraniens, exploit que même les services américains et israéliens ne sont jamais parvenus à réaliser. Depuis l'invasion américaine de 2003, le VEVAK, en coopération étroite avec les pasdaran, a installé des centres de renseignement dans les localités de Bagdad, Nadjaf, Kerbala, Kut, Bassorah et Kirkouk.

Afghanistan

A l'est, l'Afghanistan fait aussi l'objet de toutes les attentions des services iraniens. Les tribus du pays n'ont aucun secret pour les Iraniens qui les ont infiltré depuis des années. Le VEVAK aurait même réussi à recruter une taupe au sein de l'armée britannique. Malgré son grade modeste, un caporal d'origine iranienne □ parlant couramment le pachtoune □ qui servait d'interprète au commandant des troupes de l'OTAN, avait accès à de nombreuses informations sensibles. Dans ce pays, Téhéran s'appuie sur des ennemis d'hier, en particulier le Hezb□l□Islami de Gulbuddin Hekmatyar, mouvement que Téhéran a jadis combattu □ comme les taliban –, car jugeant alors qu'il constituait une menace, mais qui est désormais devenu un alliè...

Elimination physique

Si la première mission du VEVAK est la surveillance et la pénétration des adversaires interieurs et exterieurs du régime, le ministère n'hésite pas à aller jusqu'à l'élimination physique de membres de l'opposition réfugiés à l'étranger. C'est ainsi que plus de 100 meurtres ont été planifiés et exécutés depuis 1979. Le mouvement le plus visé est l'OMPI. Le Parti démocratique kurde iranien (PDKI) est également sur la liste des objectifs. Ainsi son chef, Sadegh Sharah□Kindi et trois de ses fidèles ont été abattus dans un restaurant en Allemagne, le 17 septembre 1992.

Le chef du VEVAK de l'époque, Ali Fallahian, a été inculpé en mars 1996 par un tribunal allemand pour avoir commandité ces assassinats. D'autres personnalités ont aussi été assassinées :
Kazem Radjavi, en Suisse, en avril 1990
Cyrus Elahi, à Paris, en octobre 1990
Abdelrahman Boroumad à Paris, en avril 1991
Chapour Bakthiar, à Suresnes, en août 1991
Mohammed Hossein Naghdi, à Rome, en mars 1993
Abdol Ali Moradi et Zera Rajabi à Istanbul, en février 1996

Reza Mazlouman, à Créteil en mai 1996

Ces opérations *homo* se sont intensifiées en Irak depuis l'invasion américaine de 2003, faisant souvent passer la mort d'un opposant pour un crime crapuleux ou en attribuant la responsabilité aux milices sunnites. A titre d'exemple, le 13 octobre 2006, AbdulRahim Nasrallah, le leader du Parti national pour la justice et le progrès (NJPP) □ un mouvement politique irakien fortement opposé à Téhéran □ a été assassiné avec 10 de ses fidèles à Bagdad par des hommes portant des uniformes de la police.

Enfin, le mystère reste entier concernant la mort supposée du prince Bandar bin Sultan bin Abdelaziz Al Saud, nommé chef des services spéciaux saoudiens le 19 juillet 2012 et qui aurait été tué lors d'une attaque à la bombe de son QG, le 22 du même mois.

Opérations clandestines

Il est convient cependant de souligner que le VEVAK n'est pas doté d'un «service action» à proprement parler. Ce type de mission est confié aux pasdaran, en particulier à la force Al-Qods du général Qassem Soleimani. Ce sont par exemple les pasdaran qui ont eu la charge de former des «résistants» irakiens à l'emploi de mines improvisées télécommandées qui ont causé tant de victimes parmi les forces de la coalition. Les services iraniens ont également directement apporté leur aide à l'armée bosniaque depuis 1993. Les estimations les plus répandues évoquent la présence de 2 500 «conseillers» en 1995.

En règle générale, le VEVAK apporte les renseignements, le soutien logistique et les transmissions nécessaires, et les pasdaran s'occupent des opérations. Les moyens d'action des services iraniens sont souvent violents. Ils n'hésitent pas à employer l'arme terroriste. Les attentats les plus célèbres sont ceux survenus au Liban contre des contingents militaires français et américains en 1983, qui ont causé la mort de 299 personnes; une série d'attentats à la bombe à Paris en 1986 (12 morts); les attaques contre l'ambassade d'Israël et la communauté juive à Buenos Aires en 1992 et 1994 (125 tués); et vraisemblablement l'attentat de Dahran, dirigé contre les Américains en Arabie saoudite le 26 juin 1996. 19 Américains avaient été tués et 372 personnes blessées. Le Hezbollah saoudien est suspecté avoir commis ce dernier attentat en liaison avec Al-Qaida.

Aujourd'hui, les services iraniens sont particulièrement actifs à travers l'important soutien apporté à Damas. Nombre de leurs officiers l'ont payé cher. Toutefois, 48 d'entre eux, qui avaient été enlevés en août 2012 par l'opposition armée, ont pu être échangés contre 2130 prisonniers, le 9 janvier 2013, à Damas, sous l'égide du Qatar et de la Turquie. Nul ne sait quelles sont les activités exactes des services iraniens en Syrie mais elles doivent couvrir des missions de conseil et opérationnelles.

Pasdaran

L'autre acteur majeur du renseignement iranien est le Corps des gardiens de la Révolution islamique (pasdaran). En ce qui concerne l'étranger, il dispose d'Organisation du renseignement («*Ettella at e Sepâh*»), laquelle se compose de deux comités : celui du renseignement et celui de l'exécution des opérations. Cette organisation a été crée par Mohsen Rezaï, un des candidats malheureux à l'élection présidentielle de 2009. Depuis 2009, elle rend compte directement au Guide suprême de la révolution.

Etroitement liés au VEVAK, ses membres utilisent les mêmes couvertures que le ministère. Toutefois, ils gardent cependant leur autonomie, afin de pouvoir surveiller leurs homologues des autres services de renseignement si nécessaire. On peut parfois trouver certains d'entres eux au poste d'attaché de défense. Ils servent alors es qualité.

A l'intérieur, les pasdaran dispose de bureaux de renseignement implantés dans tout le pays et plus particulièrement au sein des unités militaires. Une partie de leur mission peut alors être apparentée à celle d'une sorte de «sécurité militaire». En effet, les mollahs ont toujours gardé une grande défiance vis-à-vis des cadres de l'armée, même si aujourd'hui, plus aucun officier n'a servi du temps du Shah. Mais comme cela a été évoqué précédemment, les pasdaran sont surtout tournés vers l'action, la force Al Qods fournissant les exécutants des opérations violentes, aussi bien en Iran qu'à l'étranger.

Bakhtiar

Chapour Bakhtiar etait un homme politique issu de la grande bourgeoisie iranienne. Il a fait ses études au lycée français de Beyrouth, puis en métropole. Opposé à toutes les dictatures, il songe un moment rejoindre les brigades internationales en Espagne. En 1939, il s'engage dans l'armée française, puis, une fois démobilisé, il rejoint la Résistance.

Après la guerre, il retourne en Iran. Il s'oppose au régime du Shah Reza Pahlavi jusqu'en 1978. Il le paye de plusieurs peines de prison qui, cumulées, font un total de six années d'incarcération. Toutefois, le 4 janvier 1979, le Shah acculé par la révolution interne, le nomme au poste de Premier ministre. Mais c'est bien trop tard. Il est renversé le 1er février lors du retour au pays de l'ayatollah Khomeiny. Dix jours plus tard, il quitte le pays discrètement et parvient à rejoindre la France.

Le 14 mai 1979, l'ayatollah Khalkhali, le juge religieux qui préside de la cour révolutionnaire déclare publiquement son intention d'«éliminer les corrupteurs sur la terre» et que «ceux qui ont quitté l'Iran après la Révolution sont considérés comme de véritables criminels et sont passibles de la peine de mort». Dans ses propos, il fait nommément allusion à Chapour Bakhtiar, car cet opposant est profondément anticlérical et donc haï par le régime des mollahs. Le 7 décembre de la même année, suite à l'assassinat à Paris de Moustapha Chafik, un membre de la famille royale, il renouvelle ses menaces en déclarant que «les fedayins islamiques mènent leurs activités en Europe et aux Etats-Unis afin de localiser et de punir les criminels pour leurs fautes». Il désigne de nouveau Chapour Bakhtiar comme une cible car «il fait campagne contre l'imam Khomeyni depuis son lieu d'exil à Paris ».

Le 18 juillet 1980, une première tentative d'assassinat a lieu. Un commando de cinq activistes conduit par Anis Naccache, un Palestinien converti au chiisme, tente d'éliminer Chapour Bakhtiar à son domicile de Neuilly sur Seine, où il réside en compagnie de sa fille. L'appartement lui a été prêté par un ami proche, le docteur Abdorrahman Boroumand. La tentative échoue grâce à l'intervention des forces de sécurité mais se solde par la mort d'un policier et d'une voisine.

Un second fonctionnaire de police est grièvement blessé d'une rafale de pistolet-mitrailleur et restera lourdement handicapé jusqu'à son décès en 2008. Naccache est arrêté puis condamné à la perpétuité en 1982. Il est expulsé en 1990 après de sombres négociations avec l'Iran concernant la libération d'otages français détenus au Liban. Depuis, il séjourne entre Téhéran et Beyrouth.

Les assassinats d'opposants iraniens se poursuivent de plus belle. Le 4 juin 1989, Boyahmadi, un membre de l'organisation «l'Etendard de la liberté d'Iran» (ELI) est assassiné à Dubaï. La victime avait été un des principaux collaborateurs de Chapour Bakhtiar en Iran avant de rejoindre les monarchistes. Le 23 octobre 1990, Cyrus Elahi, un autre membre de l'ELI est abattu à Paris par un inconnu. Enfin, le 18 avril 1991, c'est au tour du docteur Abdorrahman Boroumand, le président du conseil exécutif du MNRI et ami de Bakhtiar, d'être poignardé à mort dans le hall de son immeuble, à Paris.

13 juin 1991

Farydoun Boyerahmadi, un membre du MNRI ayant toute la confiance de Chapour Bakhtiar, déclare accueillir chez un ami dénommé «Michel » - résidant au 2, rue Goiot à Reims deux de ses «connaissances» venant d'Iran: Mohammad Azadi et Ali Valiki Rad. Selon lui, ces deux personnes doivent effectuer un séjour touristique en France du 15 juin au 15 septembre 1991. Les deux certificats sont délivrés à la mairie de Reims, le 16 juin. Par contre, leur visa ne sera demandé que le 17 juillet et enregistré le 21. Il leur est accordé le 26 juillet.

En fait, l'enquête du juge Jean-Louis Bruguière déclenchée après l'assassinat de Chapour Bakhtiar révèlera que Boyerahmadi a été retourné par les services secrets iraniens (Vevak) depuis des années. Il renseignait Téhéran sur les faits et gestes des membres du MNRI depuis l'intérieur du mouvement. Avant de pouvoir retourner vivre en Iran, il lui est demandé d'accomplir une dernière mission: faciliter à l'assassinat de Chapour Bakhtiar. C'est lui qui, profitant de la confiance lui étant accordée, a pour mission d'introduire auprès du leader du MNRI les deux tueurs entraînés en Iran qui sont chargés de l'exécution du contrat.

26 juin 1991

Parallèlement à cette démarche, un certain Norian Nasser (en fait Mohammad Azadi) demande auprès de l'ambassade de France en Iran un visa de quinze jours débutant le 10 juillet 1991. Il prétend vouloir acheter des équipements électroniques auprès de la société française Syfax, dont le siège est situé au 66 bis avenue V. Cresson à Issy□les□Moulineaux.

Cette dernière a en effet invité l'intéressé à venir en France vers le 20 juin 1991. Le même jour, un certain Kamal Hosseini (en fait Valiki Rad) effectue une démarche identique auprès des services consulaires français. La société Syfax est tout à fait légalement en affaires avec le Maghreb et l'Iran. Son correspondant en Iran est un certain Massoud Hendi qui a également ses entrées auprès de l'IRIB, l'agence nationale de presse iranienne. Il sera découvert par la suite qu'il est en rapport avec le ministère du Renseignement, le Vevak car il a en sa possession la ligne directe du ministre! C'est donc lui qui se charge des démarches nécessaires pour faire «inviter» les deux hommes à la demande express de Hossein Sheikhattar, un fonctionnaire important du ministère des Télécommunications.

En effet, ce denier ne souhaite pas apparaître directement sur le devant de la scène, vraisemblablement car il dépend d'un organisme d'Etat. En effet, dans ce type d'opération, il est vital que l'Etat commanditaire ne puisse pas être impliqué d'une manière ou d'une autre. Sheikhattar, qui occupe un poste de responsabilité dans le domaine des communications par satellites, se rend fréquemment à l'étranger - et en particulier en France - où il a ses entrées chez Matra et Alcatel. Il y a tout lieu de penser qu'en plus de ses attributions bien réelles au sein de son administration, il émarge également au Vevak, qui profite ainsi de ses introductions à l'étranger.

Il ressort de ces préparatifs que les tueurs iraniens étaient en possession fin juillet de deux permis de séjour différents avec des identités distinctes. Ils pouvaient donc pénétrer sur le territoire français par deux voies différentes.

Début juillet

Un «centre opérationnel» chargé de coordonner l'affaire est mis en place à Istanbul grâce à un homme d'affaires turco☐iranien du nom de Mesut Edipsoy. En effet, ce dernier y possède un appartement et en loue un deuxième dans le quartier d'Atakoy. Les activités d'Edipsoy l'amènent à se déplacer fréquemment en Europe et aux Etats- Unis. En fait, l'enquête laissera supposer qu'il est un interlocuteur du Vevak auquel il sert d'honorable correspondant d'infrastructure (HC Infra). Il entretiendrait également des liens troubles avec le monde criminel turc.

Farydoun Boyerahmadi effectue début juillet un voyage à Istanbul. Le but de ce voyage n'a jamais été éclairci, mais il est probable qu'il a servi à régler certains détails de l'opération.

13 juillet

Un certain Zeinolabedine Sahradi arrive en Suisse muni d'un ordre de mission des Affaires étrangères délivré le 16 juin. Ce dernier stipule qu'il doit se rendre à l'ambassade l'Iran à Berne pour une période de trois mois. Il a reçu un ordre de virement de 3 872 dollars (50 000 rials) auprès de la banque Melli, précisant qu'il devait se rendre à Bern du 21 juillet au 21 octobre. La banque Melli confirmera le 10 août que la somme a bien été perçue par l'intéressé. Il sera démontré lors de l'enquête que cet individu a participé à l'exfiltration d'un des tueurs depuis la Suisse.

15 juillet
Golam Hossein Shoorideh de la Barton Company - un Iranien qui sera à l'origine de la demande de visa pour la Suisse d'un membre de la

conspiration chargé d'exfiltrer un des tueurs - demande pour lui et pour son collaborateur Ahmad Aidipour un visa de trois mois, du 20 juillet au 20 septembre, pour séjourner en France avant de se rendre en Belgique puis aux Etats-Unis pour ses «affaires». Il passe par l'intermédiaire de Mr. Peloux, un ancien diplomate français qui a été en poste en Iran. Ils se connaissent car Peloux a épousé une Iranienne dont une des soeurs est la femme de Shoorideh. C'est d'ailleurs lors du mariage de Peloux qui se tient le 25 juillet à Paris, qu'il lui demande de faciliter ses démarches pour obtenir de nouveaux visas.

24 juillet

Shoorideh et Aidipour séjournent brièvement en Suisse. Shoorideh démentira ultérieurement affirmant s'être rendu en Belgique. Il a effectivement quitté Bruxelles le 26 avant d'embarquer le 30 juillet à Roissy, à bord d'un vol à destination des Etats☐Unis. Il reste un « trou » dans son emploi du temps entre le 26 et le 30. C'est vraisemblablement à ce moment là qu'il effectue une dernière reconnaissance.

25 juillet

Vakili Rad, sous l'identité de Nasseri, appelle madame Salahshour depuis Téhéran pour retenir son studio situé dans un immeuble au 36 avenue d'Italie, dans le XIIIe arrondissement de Paris. Il lui louera effectivement le 2 août. Ce studio est destiné à servir de cache temporaire à Boyerahmadi après l'assassinat de Chapour Bakhtiar. En effet, Boyerahmadi ne suivra pas la même voie d'exfiltration que ses complices.

27 juillet

Boyerahmadi participe à une réunion du MNRI destinée à désigner un successeur au docteur Abdorrahaman Boroumand dans la villa occupée par Chapour Bakhtiar au 37, rue Cluzeret, à Suresnes. Une chaise vide a été laissée en symbole du disparu. Boyerahmadi y dépose des fleurs pour lui rendre hommage. Cela démontre le professionnalisme de l'intéressé qui sait qu'il va passer à l'action quelques jours plus tard. Il recueille une information particulièrement intéressante pour la suite des opérations : le jardinier et la femme de ménage seront absents en août pour leurs congés d'été. Bakhtiar sera donc seul avec son secrétaire, qui habite à la même adresse. Seuls les policiers en faction à l'entrée seront à tromper. Cela simplifie notablement le problème.

30 juillet

Azadi et Vakili Rad atterrissent à Orly et sont accueillis puis cornaqués par Boyerahmadi. Il faut dire qu'ils ne parlent pas français ce qui leur sera très préjudiciable après avoir rempli leur mission quand ils ne seront plus accompagnés par un interprète.

6 août

Entre 10 et 11 h 00 du matin, Boyerahmadi demande à louer une grosse voiture rapide pour «*rejoindre Deauville*» auprès de l'agence *Rent a Car* au 55 avenue E. Vaillant à Boulogne. Il se ravise au dernier moment.

☐ 15 h 15

Le fils aîné de Chapour Bakhtiar, Guy, quitte son père après avoir effectué un footing avec lui. Inspecteur des Renseignements Généraux (RG) depuis 1974, c'est lui qui est chargé d'organiser sa protection rapprochée. La garde est assurée par quatre policiers de la 36e compagnie de CRS de Thionville. Son père l'informe qu'il attend la visite des trois Iraniens sans faire plus de commentaires ni donner d'instructions particulières. Guy Bakhtiar ne s'inquiète donc pas car les visites sont nombreuses et toujours programmées à l'avance.

☐ 16 h 40

Le secrétaire particulier Sorouch Katibeth rentre au domicile de Suresnes après avoir fait quelques courses en ville.

-17 h 10

Farydoun Boyerahmadi, au volant de sa vieille BMW rouge, accompagné comme prévu d'Azadi et de Valiki Rad, se présente au poste de garde du 37 rue Cluzeret. Ils arborent des costumes sombres pour « faire honneur » à Chapour Bakhtiar qui pleure toujours le décès de son ami Boroumand. La maison cossue a deux étages dont le premier prolongé d'une terrasse qui donne sur le devant. Le rez-☐de-☐chaussée est occupé par les CRS qui assurent la garde des lieux. La zone vie se trouve au premier niveau.

Chapour Bakthiar a exigé que la garde ne soit montée que devant la maison car les rondes donnant sur l'arrière le dérangent en raison des bruits de pas faits sur le gravier. De plus, il refuse catégoriquement la présence de tout policier à l'étage, même lors de la venue de visiteurs. Bien logiquement, il tient à préserver son intimité et le secret de ses rencontres. Une fois le portique de détecteur de métaux passé, l'identité des trois arrivants est vérifiée. Ils sont même soumis à une palpation de sécurité. Un paquet contenant une photo encadrée qu'ils apportent avec eux en guise de cadeau est passée au détecteur à métaux portable.

Une fois les trois visiteurs introduits auprès de Chapour Bakhtiar, le secrétaire sert le thé puis se retire en compagnie de Boyerahmadi sur la terrasse jouxtant la cuisine. Chapour Bakhtiar se retrouve alors seul avec Azadi et Valiki Rad. Tout va alors très vite. Un des deux hommes étrangle Bakhtiar écrasant son larynx. Ce dernier s'écroule en suffoquant sur le canapé sans pouvoir émettre le moindre son. Un des deux hommes va chercher dans la cuisine deux couteaux, l'un à viande et l'autre à pain. Il poignarde Bakhtiar à treize reprises avec le couteau à viande puis lui tranche la gorge et les poignets avec celui à pain. Sa montre Rolex lui est retirée, vraisemblablement en guise de preuve ou de trophée. L'horreur même de cette véritable boucherie est voulue car elle sert d'exemple. Elle est destinée à prévenir les opposants du sort qui les menace à tout instant et en tous lieux.

-17 h 45
Sorouch Katibeth revient de la terrasse. Un des deux assaillants le saisit par derrière pendant que l'autre l'étrangle par devant pour l'empêcher de crier. Comme Bakhtiar, il est ensuite poignardé puis égorgé. Les assassins nettoient ensuite soigneusement les couteaux et leurs vêtements tâchés d'éclaboussures de sang dans la cuisine. Le corps de Bakhtiar qui repose toujours sur le canapé est recouvert d'une nappe. Celui de son secrétaire est caché aux vues de la fenêtre par une corbeille à papiers. Le téléphone est décroché de manière à faire croire que Chapour Bakhtiar est en conversation.

-18 h 00

Les trois visiteurs repartent comme ils sont venus. Les CRS ne remarquent pas les taches de sang sur les costumes sombres qui sont fermés jusqu'au col.

Boyerahmadi conduit ses deux complices au bois de Boulogne où ils changent de vêtements, ceux tachés de sang étant jetés dans une poubelle; leurs passeports sont également déchirés et jetés. Boyerahmadi les dépose ensuite à une bouche de métro puis abandonne sa voiture dans un quartier de Paris. Le véhicule sera retrouvé plusieurs jours après, ainsi que les vêtements qui ont été récupérés par une prostituée. Ces derniers permettront par la suite à la police scientifique d'identifier formellement les coupables.

En ce qui le concerne, Boyerahmadi rejoint le studio qui a été loué par Vakili Rad dans le XIIIe arrondissement de Paris. Il y restera terré jusqu'au 13 août, en attendant que l'on vienne lui fournir des faux papier pour quitter le pays.

Nuit du 6 au 7 août

Dotés d'identités turques aux noms de Musa Kocer et d'Ali Haydar Kaya, Vakili Rad et Azadi voyagent en train vers Annecy. Ne parlant pas le français, ils manquent leur correspondance à Lyon. Ils appellent la base opérationnelle d'Istanbul pour demander de l'aide

7 août

Les policiers de garde sont relevés par des collègues appartenant à la CRS 37 de Strasbourg. Ce fait qui semble de relever du pur hasard[1] peut expliquer que les nouveaux venus ne s'inquiètent pas outre mesure de ne pas voir Chapour Bakhtiar, les consignes étant nouvelles pour eux. Ils ne s'étonnent pas non plus que les cartons de nourriture livrés commencent à s'entasser dans le péristyle et que personne ne vienne, comme d'habitude, leur donner la liste des visiteurs du jour. En fait, il semble qu'aucune visite n'était programmée pour le 7 août.

Un coup de fil en Iran est passé depuis une cabine publique située au 40 avenue d'Italie à Issy-les-Moulineaux : le 987 41 21 29, une ligne connue pour être employée par le Vevak. Il semble que c'est Boyeramahdi qui a téléphoné à ses commanditaires pour rendre compte de la bonne exécution de la mission. Il avait déjà utilisé ce numéro en juillet de la même année. Toutefois, si le fait que les assassinats ne sont pas découverts immédiatement profite bien aux assassins en fuite, car ils ne sont alors pas recherchés, cela sème un doute dans l'esprit des autorités du Vevak.

La cellule d'Istanbul commence à s'affoler en se posant la question : la mission a t-elle vraiment été remplie avec succès ? De nombreux coups de téléphones sont alors passés à Téhéran, Londres, Los Angeles et à Paris. Ces appels permettront ensuite aux enquêteurs de mettre en cause les réseaux du Vevak.

-09 h 26

Fereshteh Jahanbani, une Iranienne vivant à Paris depuis 1983 est contactée depuis l'appartement loué par Edipsoy à Istanbul. En fait, cette femme est un agent clandestin recruté en 1987 par le Vevak. En effet, son domicile qui est « logé » grâce à ce coup de fil, sera perquisitionné en octobre 1991. Une grille de codage et trois stylos d'encre sympathique seront découverts. De plus, l'intéressée fera des aveux complets. Le but de l'appel reçu d'Istanbul était de lui demander de s'informer sur ce qui se disait à propos de Chapour Bakhtiar.

-13 h 40

Vakili Rad et Azadi arrivent enfin à Annecy par le train. Les deux hommes tentent alors de rejoindre Genève en taxi par le point de passage de Thônex Vallard. Ils présentent leurs passeports turcs qui auraient été délivrés par l'ambassade de Suisse à Téhéran. Les douaniers suisses qui notent des anomalies sur les visas des passeports[4] les refoulent et les confient dans la nuit à leurs homologues français. Ces derniers les relâchent presque aussitôt car aucun mandat d'amener ne pèse encore sur eux.

8 août

Les cadavres sont enfin découverts par le fils de Chapour Bakhtiar qui revient d'un déplacement. L'inspection des alentours permet de conclure qu'il n'y a pas eu de tentative d'effraction. Des recherches sont alors entreprises pour retrouver les trois visiteurs du 6 août. Leur identité est connue car consignée lors du contrôle à l'entrée. Il faut bien se rendre à l'évidence : ils ont disparu de la circulation. Un mandat d'amener est aussitôt lancé.

L'exfiltration

12 août

Azadi et Vakili Rad parviennent enfin à passer en Suisse, non sans avoir oublié une mallette dans une cabine de téléphone d'Annecy. Le contenu de la mallette sera par la suite très utile aux enquêteurs. Les deux hommes se séparent pour ne pas attirer l'attention car ils savent qu'ils sont désormais recherchés.

13 août.
Paris

Madame Shalahshour se rend à son studio et y rencontre un individu qu'elle identifiera ultérieurement comme étant Boyerahmadi. Ce dernier quitte alors l'appartement.

Genève

Le même jour, Azadi rencontre un Iranien du nom d'Akbari Bijan devant les bureaux d'Iran Air à Genève, rendez-vous qui a été programmé à l'avance. Il lui rend son passeport turc et reçoit en échange de nouveaux papiers iraniens. Vakili rate le rendez-vous de dix minutes et commence à errer dans la ville[1].

Azadi est vu dans le hall de l'hôtel l'Etoile. Il y rencontre un «homme d'affaires» iranien qui occupe la chambre n°41 sous l'identité de Ghasmi (ou Ghasemi) Nejad Nasser depuis le 9 août. Ce dernier avait obtenu un visa pour la Suisse valable du 10 juillet au 10 août via la société Comatra, sise 2 chemin de Lussex, 1008 Jouxtens Mezery (canton de Vaud). A noter que cette société avait également obtenu un visa pour un certain Ardeshir Faezi dont la présence en Suisse n'a pu être repérée lors de l'enquête. L'homme qui a demandé les visas est Hassan Shoorideh. Ghasmi Nejad Nasser avait obtenu un billet d'avion Téhéran-Genève le 29 juillet à la demande du ministère des Affaires étrangères iranien, ce qui n'est pas normal pour un simple « homme d'affaires ».

En effet, le ministère ne prend en charge les déplacements que des personnages officiels. Ghasmi Nejad Nasser et Azadi partagent, à partir du 13 août au soir, une chambre à l'hôtel Jean☐Jacques Rousseau, 13 rue Rousseau à Genève. Cette chambre a été louée au préalable par un complice non identifié. La même chambre est occupée par un certain Rezage Hamid.

Le même jour, un certain Zeynalabedine (Zeyal) Sarahdi arrive à Genève. Membre de la famille de Rafsanjani, il a obtenu un visa de trois mois pour séjourner en Suisse. Il arrive à l'hôtel Bernina à Genève. Il téléphone à 19 h 53 puis à 21 h 21 à l'hôtel Jean-Jacques Rousseau, où sont descendus Ghasmi Nejad et Azadi. Il semble qu'il est en contact direct avec Nejad pour l'aider à exfiltrer Azadi. Il appelle aussi la structure clandestine d'Istanbul. Une fois arrêté par la police française en septembre, il niera s'être rendu en Suisse à ce moment là. Il affirmera même que les autorités iraniennes avaient « perdu son passeport». Le ministère prétendra durant l'enquête que Sarahdi se trouvait bien en Iran en juillet, affirmation qui ne peut être prouvée en aucune manière.

14 août.
14 h 30. Paris

Boyerahmadi rejoint un appartement situé au 1/3 rue Saint Charles à Paris, dans le XVe arrondissement. Ce studio avait été loué par un docteur iranien du nom de Djahanghir, par l'intermédiaire d'un certain Yazdi Bouroumand, à madame Shahmohammadlou. Ce dernier a expliqué qu'un ami logerait là en attente d'un visa pour les Etats-☐Unis. En fait, un Iranien du nom de Javanshir (et non Djavanghir) a effectué un séjour à l'hôtel Arcade à Orly du 11 au 13 août. C'est lui qui aurait loué l'appartement de la rue Saint Charles. Cela tend à démontrer qu'un individu (voire plusieurs car Yazdi Bouroumand a déclaré à Madame Shahomahammadlou séjourner également à l'hôtel Arcade d'Orly) ou une équipe de soutien se trouvait en France juste après l'assassinat.

15 août.
Paris

Madame Shahmohammadou se rend à son studio de la rue Saint Charles. Elle rencontre une personne qu'elle identifiera ultérieurement comme étant Boyerahmadi. Il utilisait alors la fausse identité d'Akbari ou Akbarian. Il quitte la France pour les Etats-Unis sous une identité fictive. Son séjour a vraisemblablement été préparé par Edipsoy, qui se rend souvent aux Etats-Unis pour «affaires». Selon les autorités françaises, la Californie, qui accueille environ 500 000 Iraniens, est une base importante pour le Vevak. Les autorités américaines gênées par ces déclarations l'admettront que plus tard.

Suisse

Azadi et Ghasmi Nejad quittent le pays à destination de l'Iran, vraisemblablement via Istanbul.

21 août

Vakili Rad, qui s'est rasé les moustaches, est arrêté par la police suisse alors qu'il erre toujours le long du lac de Genève. Il est transféré en France où il demande à appeler des numéros de téléphone qui, curieusement, ont également été joints depuis l'appartement d'Istanbul les 3 et 5 juillet. Le centre opérationnel d'Istanbul ferme, les opérateurs quittant le pays pour l'Iran.

13 septembre

Massoud Hendi est arrêté alors qu'il passe des vacances en famille à Paris. Cette inconséquence laisse à penser qu'il croyait fermement ne pas avoir été repéré par les enquêteurs.

23 décembre

Sarhadi est arrêté en Suisse. Il sera extradé vers la France cinq mois plus tard. Seuls trois mis en examen comparaissent devant la Cour de justice spéciale parisienne le 2 novembre 1994, les autres accusés ayant pu se mettre à l'abri.

Le 6 décembre, les condamnations sont prononcées. Vakili Rad et Hendi sont reconnus coupables et condamnés à la perpétuité. Par contre, Sarhadi est acquitté faute de charges recevables suffisantes. Les six Iraniens jugés par contumace (Azadi, Boyerahmadi, Edipsoy, Sheikhattar, Gholam Hossein Shoorideh Shiazinejad et Nasser Ghaseminejad) écopent d'une peine de prison à perpétuité.

Les commanditaires

Les opérations *homo*, nombreuses à l'époque, étaient réalisées avec l'aval des plus hautes autorités iraniennes. Un comité réunissait autour du Guide suprême de la Révolution - l'Ayatollah Ali Khamenei - le président Rafsandjani, le ministre des Affaires étrangères Ali Akbar Velayati et le ministre des Renseignements Ali Fallahian. Ce dernier ne cache d'ailleurs pas la politique de liquidation menée à l'égard des membres de l'opposition par le Vevak qu'il dirige. En effet, lors d'une interview à la télévision d'Etat iranienne le 30 août 1992, il déclare : « *nous les traquons également à l'extérieur du pays. Nous les maintenons sous surveillance. L'année dernière, nous sommes parvenus à infliger des coups fondamentaux à leurs plus hauts dirigeants* »..

Cette opération menée par le Vevak est exemplaire. L'assassinat s'est déroulé d'une manière tout à fait professionnelle. Comme dans bien d'autres cas, c'est l'exfiltration des acteurs qui a posé problème. C'est certainement la phase la plus délicate à préparer dans ce type d'action.

Le fait de ne pas avoir pris en compte les tueurs dès leur fuite de Paris pour les guider vers la Suisse (un départ pour l'Iran n'aurait pas été assez discret et aurait immanquablement «signé» l'opération *homo*) est une grave erreur.

Ensuite, avoir abandonné un des protagonistes sur le terrain est une faute majeure. C'est un peu le paradoxe des services secrets iraniens. Ils sont capables du meilleur (techniquement parlant) comme du pire. C'est ce qui handicape toujours leurs opérations dans la guerre secrète qu'ils mènent aujourd'hui contre Israël. Toutefois, il convient de souligner une différence de culture. Les Iraniens ne semblent pas considérer le rapatriement de leurs agents opérationnels comme une priorité.

Dans une certaine mesure, ils se moquent également que leurs opérations leur soient attribuées avec certitude. Ces deux faits font qu'ils demeurent extrêmement redoutables, particulièrement en raison des réseaux qu'ils ont su créer au sein de la communauté d'expatriés qui leur apporte son soutien de par le monde.

Anis Naccache

Anis Naccache avait été condamné à la réclusion criminelle à perpétuité le 10 mars 1982 pour l'attentat manqué, le 18 juillet 1980 à Neuilly, contre l'ancien premier ministre du Chah d'Iran, Chapour Bakhtiar, exilé en France. Pendant les deux premiers mois de 1979, ce dernier avait été l'organisateur de la répression - qui avait fait des centaines de morts - des manifestations populaires contre la monarchie iranienne à la veille de sa chute.

D'origine libanaise et de confession chiite, était le chef d'un commando composé de deux Iraniens, d'un Palestinien et d'un autre Libanais. Trois de ses complices avaient été condamnés à l a réclusion criminelle à perpétuité et le quatrième à 20 ans de prison. L'action terroriste avait coûté la vie à deux personnes dont un policier. Trois gardiens de la paix avaient été blessés, dont un gravement, paralysé à vie.

Anis Naccache, Mehdi Nejad Tabrizzi, Faouzi Mohamed el Satari, Mohamed Jawat Jenab, Salaheddine Mohamed el Kaara, ont bénéficié d'une mesure de grâce après avoir effectué dix ans de réclusion criminelle. Ils ont fait l'objet d'arrêtés d'expulsion du territoire français qui ont été exécutés le meme jour.

Anis Naccache s'est envolé de l'aéroport d'Orly pour Téhéran, en compagnie de ses quatre complices, à bord du Boeing-747 assurant le vol régulier d'Iran Air. Pour obtenir sa libération il a observé une longue grève de la faim, du 11 septembre 1989 au 26 janvier 1990.

Devenu, à tort ou à raison, un enjeu politique important, son nom a été régulièrement évoqué à l'occasion des négociations pour la libération des otages français détenus au Liban. Les organisateurs de la vague d'attentats terroristes qu'à connue notre pays en 1986 ont régulièrement réclamé la libération de Naccache.

En septembre 1985, à l'occasion d'une première tentative de négociations pour la libération des otages français, Mohamed Sadek, un représentant des Gardiens de la révolution iraniens avait évoqué, à Paris, l'éventualité d'un échange avec Naccache.

Attentats en France

C'est en février 1986 qu'a eu lieu la première vague d'attentats en France. Ces actions terroristes avaient été revendiqués par le «Comité de solidarité avec les prisonniers arabes du Proche-Orient» (CSPPA) qui a exigé la libération de quatre terroristes internés en France, parmi lesquels Anis Naccache. Celui-ci, dans un télégramme à son avocat, avait immédiatement condamné les attentats. En septembre de la même année une nouvelle série d'attentats meurtriers à Paris avait également été revendiqués par le CSPPA. Ces tueries - chacun a en mémoire le carnage de la rue de Rennes - avaient, au total fait 13 morts et 450 blessés.

Un passé revolutionnaire

L'étudiant, engagé très jeune dans la lutte armée contre les Israéliens, a été infiltré pour le compte du Fatah de Yasser Arafat dans les groupes extrémistes, afin de limiter la casse et éviter le discrédit de la cause palestinienne. Ainsi, Naccache avoue son implication dans la prise en otages des ministres du pétrole à Vienne en 1975, aux côtés de Carlos. Les deux chefs ont «changé le plan» de Waddi Haddad, fondateur de «Septembre Noir» et détourneur d'avions, pour se cantonner à «une opération financière» (dix millions de dollars de rançon) et éviter deux exécutions programmées.

Naccache, alias «Mazen», dit qu'il a saboté les explosifs avant l'assaut de la conférence de l'Opep dans la capitale autrichienne. En 1978, c'est «la grande déception»: le dévoué combattant ne supporte pas que le leader palestinien, Arafat, accepte le cessez-le-feu avec Israël qui occupe le Sud-Liban, son pays.

Israéliens

Mais le plus préoccupant, ce sont les tentatives de recrutement de citoyens israéliens et les missions d'espionnage conduites par Téhéran sur le territoire israélien. En effet, depuis 2007, le Shin Beth a observé que le VEVAK s'attache à recruter des Israéliens d'origine iranienne; plusieurs dizaines de tentatives auraient eu lieu.

Les individus approchés ont été ciblés par les services iraniens alors qu'ils rendaient visite à leurs proches demeurés en Iran, où vivent encore quelque 25 000 Juifs. Pour pouvoir effectuer ces visites, ils doivent obtenir un visa auprès du consulat iranien en Turquie. C'est alors qu'ont lieu les tentatives de recrutement. Les officiers iraniens interrogent longuement les citoyens israéliens avant d'exercer sur eux une très forte pression afin de les convaincre de travailler pour eux, une fois rentrés en Israël.

Des tentatives de recrutement s'effectuent aussi en Iran même, où les voyageurs israéliens se retrouvent bloqués pendant de longues semaines par les autorités, sans possibilité de quitter l'Iran, sauf à accepter de collaborer avec le VEVAK. Après les avoir contraint à travailler pour eux, les services iraniens donnent des fonds à leurs agents, afin de couvrir les premières dépenses occasionnées par leurs activités.

Toutefois le Shin Beth est parvenu à démanteler ces réseaux d'espionnage et l'interrogatoire des suspects aurait révélé qu'ils n'avaient pas communiqué d'informations secrètes aux services iraniens.

Parfois, des photographies d'installations militaires classifiées étaient également demandées. Le Shin Beth a donc recommandé à la Knesset de désigner officiellement l'Iran comme un État ennemi, de façon à y interdire le séjour de ressortissants israéliens.